リーダーに贈る
人間力強化書

松﨑　俊道

近代消防社

はじめに

現在、企業などの研修では知識や技術の習得が中心です。組織の側でもこれまでメンバーたちがノウハウを学ぶことによる即効性を求めてきました。でもそれ以前に、もっと大切で忘れてはならないものがあるのではないでしょうか。それはすなわち、知識や技術を駆使する人の人間性、「人間力」です。

すぐれたリーダーとは、すぐれた人間力を備えている人たちのことを指します。本書は人づくりの専門コンサルタントの筆者が30年間試行錯誤を重ね、3、000人以上の企業リーダーを育て上げた実績から「これだけは！」を提言するものです。

筆者はまた、各企業で「リーダー元気塾」（少人数による対話型研修）を主宰していますが、本書はそこにおける内容がベースとなっています。リーダー育成を急務と考える経営、組織のトップの方々にぜひ一読をおすすめします。また中堅として現在活躍中のリーダー社員やこれからリーダーを目指す若手の方々におすすめします。

序章では、人が変わるために対話がいかに大切かを解説しています。対話は参加者の気づきを促進します。自らの気づきこそが、他からの強制よりもなによりも最も強力なモチベーションとなるからです。筆者は参加者の気づきのためオリジナルのビジネスポエム（仕事詩）を用い、これまで顕著な効果を確認してきました。ビジネスポエムは他に類を見ぬメソッドと自負しています。

第1章から第8章は「リーダー達よ、この8つの窓を開け！」です。「リーダー元気塾」で参加者に語り、対話している内容です。大きなテーマは8つで、8つの窓を開いていくことで人間力を身につけていくことをイメージしています。

筆者は2009年からリーダー元気塾を始めていますが、内容はこの部分が基本です。ただし時流に応じて必要なキーワードを加筆したりもしくは時代にそぐわなくなったものを削除したりしています。

第9章「私はこう輝く～現役リーダーのリアルタイムリポート～」はリーダーたちの生の声です。筆者の顧問会社などの8社のトップにそれぞれ8名のリーダー社員を選んでいただきました。筆者は各社の代表選手を取材、その輝いているワケをリポートします。

第10章「リーダー元気塾の画期的方法」は筆者の主宰する「リーダー元気塾」のキーワードを解説します。人はかくも変わる……その思いと方法を述べています。

2016年4月

松﨑　俊道

リーダー元気塾のねらい

一、世界の日本人にふさわしい「美しい心」を育もう。
一、利他主義でいこう。人の喜びを自分の喜びとしよう。
一、夢を掲げよう！目標をめざそう！
一、「笑門来福」。笑顔と遊び心を忘れないで。

一、もっと良くなろう。もっと良くしよう。
日本には世界に誇るカイゼン思想がある。

一、ナイスコミュニケーションを練習しよう。
コミュニケーションは人間関係の血液だから。

一、会社の中の「火種」になろう。
あなたの情熱がまわりを燃やすから。

一、時間を大切にしよう。時間の密度を濃くしよう。

リーダーに贈る人間力強化書　目次

第五章　モチベーション

第六章　時間の活用

序章

熱血対話が人を育てる

【対話の善循環】

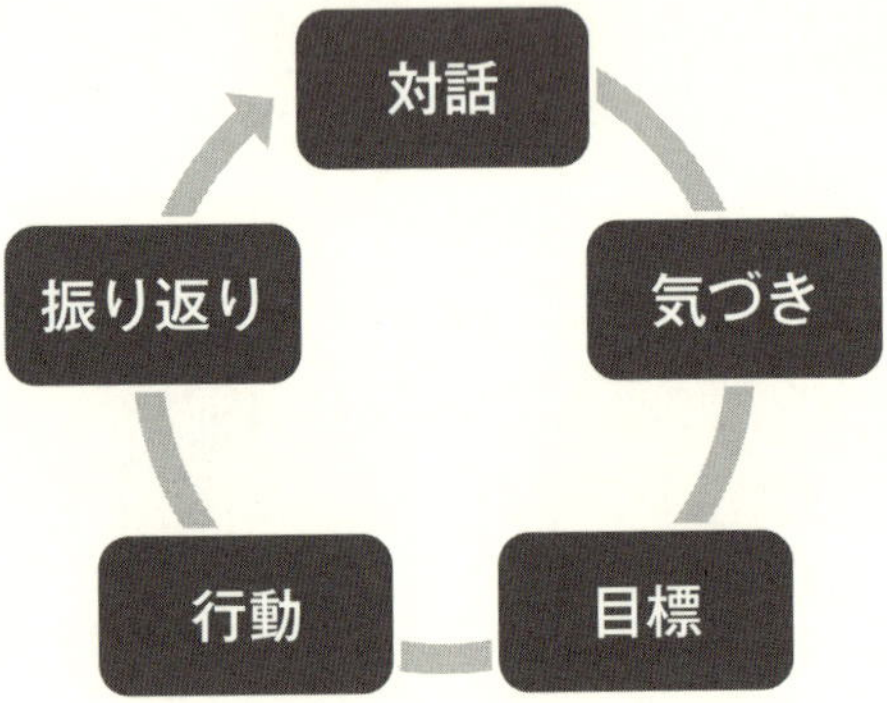

まずは唐突ですが右の図をご覧ください。
これは私の主宰する「リーダー元気塾」(注)の流れです。

この塾はリーダーを育成するための少人数の研修会。

私は「人と組織の元気を創る」という旗を掲げてサラリーマンから独立、以来3、000人を超える企業内リーダーの育成に直接かかわってきました。

試行錯誤の末、このような流れになりました。

私はこれを対話の善循環と呼んでいます。

図の一番上に「対話」があります。

塾の規模は、10人程度の少人数。対話ができるよう配慮しています。

あまりに多い数ですと対話が困難です。

10人以内ですとお互いの顔も見えます。

講師の私は一方通行の話はなるべく必要最小限にして、
参加者との対話を重要視しています。
いやむしろ講師の話は、参加者との対話を
より深いものにするためのものといって良いのです。
それほどまでに対話を大切にしている理由は
対話こそ人を変える鍵だからなのです。

ところで10人以内の参加者とはいえ、なぜ複数でも対話ができるんだ?と疑問を持つかもしれませんね。

もちろん対話の基本は一対一です。

たとえば講師の私が参加者のAさんと対話をしています。

その内容は他のメンバーも聞き耳を立てて聞いています。

すると今度はB子さんには別の意見があって、
AさんとB子さんの対話が始まります。

そう、対話は少人数の場合あらゆる対角線上に発生するのです。

さて話を元に戻しましょう。なぜ対話は人を変え得るのか?
対話は一方通行の話よりもずっと、
本人の「気づき」を促進することができるのです。
対話しているうちに、
「ああ、そうだ、自分にはこんなことが足りなかったなあ」
とか「そうかそんな考え方もあったのか」と新しい発見や
気づきを得ることができます。

人が変わるには様々なきっかけがあります。
上の立場の人から何か言われて変わるということもあるでしょう。
また経済的な要因で自分が変わらざるを得ないこともあります。
そして私が強調しているのは本人自らの気づきです。
それは命令や環境など外部からの力よりも強烈です。
他の誰でもない心の奥底の叫びだからです。
人は「気づけば変わる」のです。

私は人の気づきには「鮮度」があると痛感しています。
ああホントにそうだ！と本人が気づいたとしても
時間がたつと忘れてしまいます。それが人の常です。
気づいたら即行動……これが大事です。
そこで「リーダー元気塾」では参加者が気づいたことを
その場ですぐに目標化してもらいます。
一例を挙げましょう。
Cさんが自分の仕事の上での知識の不十分さに気づいたとします。

そこで次回への目標として自らが必要とすることを具体的にします。「私は○○についての情報を収集します」という風に。目標シートに記して皆の前で発表します。皆は拍手でそれを了解します。

あとは行動あるのみ。リーダー元気塾の頻度は一か月から二か月に一回です。自らの知識の足りなさに気づいたCさんは、次の一か月もしくは二か月間は目標の達成をめざして行動します。その間、密度濃い時間をすごすことでしょう。いろいろと障害にぶつかることもあります。やっているうちに新しいテーマに出くわす場合だってあるでしょう。次にみんなで集ったときに目標にチャレンジした結果を振り返ります。私はまた対話方式で「どうだった？」と聞くのです。自分の行動を振り返ることによって、また新たな目標設定がなされます。もちろん人によっては同じ目標に再チャレンジの場合もあります。

（注）「リーダー元気塾」は会社から選ばれた社員から構成されます。開催場所も同社内の会議室等にて実施されます。

熱血対話で人間力を強化する

現在会社の教育研修は、技術や知識の習得が中心となっています。

会社は利益を確保しなければ存続しません。

だから利益をどう上げるかや、付加価値をアップさせる方法等の研修は不可欠です。

でも人づくりにはそういったノウハウを身につける前にもっと大切なものがあります。

それは知識や技術を使う人の人間性です。

京セラ創業者の稲盛和夫さんは、成功のための方程式とは能力×熱意×考え方、と言っています。

中でも一番大切なのは「考え方」。

なぜなら考え方が邪悪で人間性に劣るものが身につけた能力や熱意ほど恐ろしいものはないからです。

したがって、すぐれたリーダーとはすぐれた人間性を備えている人たちのことを指します。

私が「熱血対話」を標榜するのにはワケがあります。
私自身も様々な人たちとの熱血対話によって育てられたからです。
子供のころはそれは親であったり学校の先生だったり。
長じて熱血対話の相手は友であったり先輩や後輩であったりします。
私は今でも瞼を閉じると、友と一晩中生き方について
熱く語り合った若き日々のことをありありと思い出します。
対話には全人格にインパクトを及ぼす力があるのではないでしょうか。

対話と会話はどう違う？

ちょっとここで言葉の整理をしておきたいと思います。
「あなたは対話の重要性を強調するけれど
会話と同じことじゃない？」という疑問もあるでしょう。
もっともなご意見です。
会話はごく自然に毎日の生活の中にあるもの。
何かの用を足したり、楽しんだり自分の感情を伝えたり。

会話の基本が友好的なコミュニケーションだとしたら、対話は、ときにお互いの価値観の違いにも立ち入ります。

ある人が「遅刻なんて大したことないだろう」という考えだったとします。

それはその人の価値観だし生き方だからしょうがない……

では会話のレベルです。

対話はこの価値観の違いを語り合います。

熱血対話の始まりです。

対話は対立ではない

「対話はおしゃべりするだけではないなんて、なんだか難しそう」という声も聞こえてきそうですね。でもちょっと待ってください。

■ニコリ

まじめな顔して
話している人が
ふとニコリとする
ときってあるよね

そのとき春風が
サーッと吹いて
ついでに
相手の心の扉も
ひらくんだ

心を開く対話にはなごやかな空気が大切です。冷たく硬い雰囲気では人は思うことをオープンにはしないものです。

リーダー元気塾は笑い声に満ちています。

ときにはシリアスで重いテーマを扱いながらも、
ユーモアを忘れたくないと思っています。
落語などで仕入れてきたネタや
川柳なども参加者と一緒に楽しんでいます。
講師の私は相手を乗せるための
演技をしているのではありません。
一緒になって「いい仕事、いい人生」の道を探すのです。
そう、対話は対立ではないのです。

■一人歩き

一生懸命
ガンバって
話しているのに
ホントに

そうだね！と
うなづいてくれない

そんなとき私は
一人歩きしている

相手を忘れて
自分の都合を
優先している

対話は相手があって初めて成立するものです。
片方が相手を説得するために、
一方的に話し続けるのは対話とは言えません。
対話という問題解決の道は、二人で歩いていくもの。
なのに、ふと気が付くと自分一人だけで歩いている。
対話は強制や説得、命令とは無縁です。
対話はあくまでも二人一緒になって歩き続けるものです。

■楽しそう

楽しそうに
している人にはね
希望の匂いがする
だから人が
どんどん
集まるんだよ

だってそうだろう
苦しそうに
語ってる人に
誰がついてくるもんか

私は本来対話は楽しいものだと考えます。
直面する困難を乗り越え、

問題を解決するために対話するのです。
その先に希望を見つめているからこその対話なのです。

ビジネスポエムが熱血対話を生む!

前節で3つほど出てきた数行の文、一見すると詩のようなもの……。
私はこれをビジネスポエムと呼んでいます。
要するに「仕事詩」ですね。
詩は短い文章で思いをシンプルに言い切るものです。
私はこれまでいろいろなテーマで
ビジネスポエムを作ってきました。
直接リーダーたちと対話して感じたことを詩に直したものです。
詩の中では、たとえば人間関係で悩んでいる人の風景、
その本質、ときに解決方向なども織り込みます。
あるいはまた、いつも時間が足りない、忙しいなあ
というつぶやきを聞けば「忙し病」というテーマで

詩を作ったりします。

ビジネスのあらゆる場面が詩になります。
なんのために詩を作るのか？対話を深めるためなのです。
参加者と語り合っていく中で「ああこの人のぶつかっている
問題はこの詩があてはまるなあ」という瞬間があります。
そのようなとき「ではDさんちょっとこの詩を朗読してみてください」
というように促します。
ビジネスポエムを詠むと、あるイメージが浮かびます。
それを聞いている人にとっても同様のことが起こります。
実際には私の執筆した詩集を配布します。(注)
さてあれこれ解説するよりも例示した方がわかりやすいでしょうね。

(注) 私は詩集としてはこれまで「リーダーへ贈る詩《うた》」、「元気が出てくる心の詩《うた》」、「カイゼン・ポエム」などを出版してきました。
実際にストックしている詩は、1、000作品以上あります。

■輝き

僕は夢に敗れ去った人の
死んだ目を知っている

一方

敗れ去ったのちも
なお目の輝きを失っていない
あいつもいる

ヒトの生きざまは
勝ったか負けたかで測れるほど
単純ではない

（たかが道に迷っただけのことだ）

こうつぶやいてあいつはまた
歩きだしているはずだ

このビジネスポエムは、夢や目標を追い続ける人たちへ向けたものです。
私自身も目指すものを追い続ける一人です。
詩にあるように、人は必ずしも、
簡単には望むものを手に入れることはできません。
むしろその方が多い。でもそれでも輝きを失わないこと。
リーダー元気塾の参加者たちと成功や失敗について
「熱血対話」するときに、
よく引き合いに出すビジネスポエムなのです。

■いつも元気で？

いつも元気であろうと

することはない
誰だって
疲れ果てるときがある

人と会うのも
イヤになってしまう
そんなときだってある

ときには
自分をどこまでも
落ち込ませてもいいじゃないか

落ち込ませた果てに
また元気が盛り上がって
来ればいい

「いつも元気で」という強迫観念から自由になろう

少人数で対話を進めていくうちに、
だんだんわかってくることがあります。
それは参加者の背景にある価値観です。
その代表的なのが
（いつも元気でいよう、いつも元気でいなければならない）
という、私たちが小さい頃から言われ続け、
まわりから型をはめられ、決めつけられてきたこと。
よく考えてみると、いつも元気でいようとすることには
無理があります。
輪ゴムも強く引っ張り続けているとやがては切れてしまいます。
人間だって、いつも元気でいようとすると
プッンと切れてしまうことがあります。
元気があるときないときがあるのは人間として自然です。

E子さんは腕利きのマネジャーとして社長の信任の厚い人でした。
でもある日のリーダー元気塾で会ったときは、
なにかいつもの輝きがない。
聞くと自分が担当する部門が、どんなに努力をしても
業績が上がらないのだ、とか。彼女はとことん突っ走るタイプです。
根をつめて仕事をしているときには、一日3、4時間くらいの
睡眠で済ましてしまう。「リーダーの私が頑張らなくてどうするの」という
思いがあるのです。そしてここが肝心なところですが、彼女には
ゆっくりと休養をとったり、仕事とは別の気分転換をすることに
罪悪感を抱いている。
そこが彼女を休ませない大もとの原因なのですね。
このビジネスポエムはそんなE子さんによく効くのです。

■カイゼンマインド

その人は

めざすところに
半歩でも一歩でも
進んでいく

その人は
小さなことが
大きなことに化ける
ことを知っている

その人には
だんだん良くなるという
信仰がある

その人には
カイゼンマインドがある

リーダー元気塾は、会社にとって使いやすい人材を育てる場ではありません。

自ら考え自ら動く人づくりをめざしていますので、ある意味では保守的な上司にとっては「使いづらい」人を育成しているのかも知れません。

リーダー元気塾はイエスマンを育成する場ではないのです。


参加者たちとの対話の中で折に触れて話題になるのが会社を辞めても他で通用する人材になろうよ、ということです。そこで「あなたがこのような考え方を心の中にインストールしておけば絶対ＯＫだよ」というビジネスポエムがこれなのです。

カイゼンゴコロ、もしくはカイゼンマインド。

どんな厳しい環境にあなたが陥ったとしても、
この詩の魂さえ忘れなければ大丈夫。

人はいつ何時苦境に入り込むかは誰にもわからない。

一歩ずつ、いや半歩ずつの前進で構わない。

前向きの心さえあればなんとかなる……。
そのようなことを、彼ら彼女らと「熱血対話」しているのです。

対話＋ビジネスポエム＝熱血対話

第一章　夢と目標

1．めざすものがある人は輝いている

人が一番不幸なのは、行き先を失ったとき。
膨大な人生時間の中を、どこにどうやって
歩んでいったらよいか分からなくなった瞬間です。
知人のY氏は、かつて大企業の管理職でした。
現役時代は、やり手の仕事人として鳴らしていた人です。
ところが定年退職して生活が一変。
現役時代には、あれほど飲み会やらゴルフやらの誘いがあったのに、
定年後はパタリとその誘いもなくなりました。毎日が日曜日の生活。
テレビの前でビールを飲む日々が続きました。
やがて彼は体調不良を訴え、病院でがんと宣告されたのです。
なんと彼は退職してからわずか3年で亡くなってしまったのです。
会社で働いていたころの彼を知る誰もが、
あんなに元気だったのに……と嘆き驚きました。
だがそれは退職後の彼を知らない人の発言です。

彼は仕事をやめてから輝きを失った生活だったのです。

人はどんな状況になっても、なにかめざすものを掲げるべきです。
人はめざすものがなければ、とたんに生命力を失うものです。
自分にはめざすものがない、と嘆いている人もいるかも知れませんね。
でもめざすものは向こうからやってこないのです。
待っていても何も始まりません。多少のリスクは覚悟しても、
こちら側から掴み取るものです。

俳優渡辺謙は、２０１５年にニューヨークで公演された
ミュージカル「王様と私」に挑戦しました。
しかも主役の座。当然ながらすべて英語でやらなければなりません。
ＮＨＫスペシャルでは彼の努力を「あがく」と表現していました。
現地のミュージカル通の客を満足させるには、
あがく、もがくの苦悩があるに違いありません。
渡辺謙ほどの俳優になると、なにもそこまでしなくとも
日本で安住できるはず。でもあえてリスクを冒す。

ひょっとすると公演後、酷評されてすべてを失うかも知れないのです。
なにかをめざすには少しは度胸もいるし、恥もかくかも知れません。
不安やストレスも容赦なく襲ってくることもあるでしょう。
だけどめざし続けている限り、自分も輝く……。
本人がそのことを一番よく知っているのです。

2．断言、明言、公言する

私は○○をします、俺は○○をめざす、
と周りに発表するにも、ちょっとリスクがありますよね。
たいていの人は後ずさりしてしまうものです。
（できなかったら恥ずかしい）という事態を想像するのです。
一方、発表することのメリットもあります。
言ってしまった以上やらないと……という気持ちにもなります。
断言とは言い切ること、
明言とははっきりとしてわかりやすいこと。そして公言とはみんなの前で言うことです。

ところで高倉健が亡くなったので、改めて彼の映画を何本か観ました。
いいですねえ！名優はたくさん語らなくとも何かを伝えてくれます。
でもいくら高倉健が素晴らしい演技したからといって、
仕事の世界では（語らなくても、そこのところはどうぞ察してください）
というのは通じません。

やはり夢なり目標なりを内外に向かって言い放てと言いたいのです。
黙していても何も始まりません。言葉にしない限り、前に進まない。
断言、明言、公言するからこそ、人も情報も集まってきます。
それはまるで「旗」を高く掲げるのに似ています。
あなたの掲げる旗には○○します！との思いが詰まっています。
一緒にやりたい、という人も集まってくるかも知れません。
こういう情報もありますよという人も現れてくるかもしれない。
それもこれも、あなたの思いを断言、明言、公言したからこそのことです。

3. 人は忘却する動物、だから忘れない工夫をする

人はすぐに忘れてしまう存在です。

せっかく夢や目標に向かって走り続けていても、いつの間にか忘却の彼方に……というのはよくあることです。

でもだからといって、すぐにもっと頑張らなくっちゃ！とか、自分には根性が足りない、などと悩む必要はありません。

それに私は、どうも根性論は好きではないのです。

根性論はなにか悲壮な響きがあります。

よく苦労は人を作ると言いますが、私はこの「苦労」という言葉もあまり好きではありません。それを言うなら「工夫」とした方が良い。クロウよりクフウ。一字の差ですが、後者の方がずっと明るい響きがあります。

ところで忘却をどうしたら良いのでしょう。

要は忘れない工夫をしてみてはいかがでしょうか。

ある会社の社長は、社長室に蛙を飼い始めました。
「なんですか、これ？」と社員や来客に問われるたびに
「会社を変える（カエル）私の決意です」と応えたといいます。
なるほど！その人の遊び心も見えて、楽しいクフウですね。
つまりはあなたらしい忘れない工夫を考え出せばよいのです。

人は恋人や家族の写真を大切にします。
仏壇には亡くなった人の写真も飾っています。
日常の時間に流されないよう、記憶にとどめようとします。
忘れない工夫は、あなたの「めざすもの」についても
同じことが言えるのではないでしょうか。

4．「いい仕事・いい人生」をめざす

ストレス耐性と呼ばれるものがあります。
どれだけストレスに耐えられるか、その耐える力のことです。

ストレス耐性が低い、とはどういう人なのでしょう。

仕事の目標しかない人に多いのではないか……と私には思えます。

仕事だけが生きがいという人が、ひとたび仕事が思うように運ばなくなったとき、ふさぎ込みストレスフルに陥った状況を私は数多く見てきました。

人生の大半を仕事で占められている人の悲劇でもあります。


私の主宰するリーダー元気塾でも右と同じような風景に出会うことがあります。たとえば、
仕事の目標については嬉々として語っていても、
趣味やら家庭やらの目標のこととなると、急にトーンダウンしてしまう。

仕事以外について語るべき目標を持っていない場合だってあります。

私がいつも口癖のように伝えていることがあります。

それは「いい仕事・いい人生」。

いい仕事を支えているのは、いい人生です。

人生そのものをわくわくさせるような夢や目標を持とうよ……

そう参加者に訴えているのです。

5．その目標はわくわくするか？

あなたの夢や目標が、あなたにとって本物かどうかを測る一番シンプルで手っ取り早い方法があります。

まずあなたの夢や目標を紙に書いてみてください。

それをじっと見つめます。あなたがわくわくして嬉しくなって、思わず笑みがこぼれるほどだったら本物です。

その逆に、見てるとなんだか疲れちゃうなあ、であったら、そんな目標は早々に破り去った方がいいですよ。どうせ達成できないから。


わくわく感こそが前進のエネルギーです。

人がわくわくするのは、それがあなたの心の底から望んでいるものに直接触れているからです。

私の例を挙げてみましょう。私の仕事の柱は執筆です。

これまで何冊かの本を書いてきましたが、やはり書き手たるもの、多くの読者に読んで欲しいという夢があります。

どのくらいの人に読んで欲しい？
実は出張で静岡方面に向かっているとき思い描いた風景があります。
「新幹線の車両、乗客がみんな俺の本を開いて読んでいる」
こんな情景を思い描いたらわくわくしてきました。
笑うことなかれ！私は大いに本気なのですよ。
朝の新幹線で、日本のビジネスマンがそれぞれの目的地に向かっています。
日本経済を支える彼らに役に立つ本ができた！
そのイメージに心の奥底からわくわくするのです。
だからこそ、今日もこうしてコツコツと
私は書き続けることができるのです。

6．その目標はChallengingか？

チャレンジングとは、「挑戦的」の意。
自分の目標は挑戦のしがいがあるのかどうか、を問いかけてみてください。
人はあまりに低すぎる目標には燃えないものです。

だって達成しても当たり前の世界に、誰が魂を燃やすことができるのでしょうか。反対に、あまりに高すぎる目標は初めからあきらめてしまうことでしょう。これは会社の売上目標に多く見かけます。目標が単なる建前になっているのです。

チャレンジング・ゴールとは、工夫すればなんとか達成できる目標（ゴール）のことを指しています。

先述の俳優渡辺謙が、NYのミュージカル主演をめざすというのも、はたから見ると無謀のようでも、彼の中では大いに勝算があったからに違いないのです。

彼なりに納得したチャレンジング・ゴールなのでしょう。

わくわくする目標とは、あなたにとってチャレンジングなレベルに設定するのがカギなのです。

低すぎる目標は、もうちょっと高めに。

高すぎる目標は、もうちょっと低めに。

ちょうと周波数がぴったり合うとラジオが歌いだすように、あなたの内部のエネルギーも唸りを挙げて噴き出します。

7．あれもこれも症候群にかかっていないか？

人はあれもこれもに手を出したがるものです。
その方がリスクが少ないような気もしてくる。
あっちがダメでもこっちがいける、というように。
しかし事実は逆なのです。
あれもこれもでは、結局全部中途半端に終わってしまいます。
これだけは！というものに絞りきることが大切です。
だからこそ目標は生きてくるのです。
あっちも立ててこっちも立て、では目標ではあり得ません。

あれもこれも症候群にかかるのを防ぐには、
○○はしない、○○は捨て去るという思考法に慣れると良い。
P・F・ドラッカーが語るには
「誰にとっても優先順位の決定はそれほど難しくない。
難しいのは劣後順位の決定、なすべきでないことの決定である」。

劣後順位とは、優先順位の逆の意味です。
さて、しないことを決めるには、ほんの少しの勇気が必要となってきます。
「○○はしない」と決定するには、さまざまな調整も必要だし、
周囲の反対なども覚悟しなければならないこともあるでしょう。
しかし、しないことの決定なしに、
しなければならないことは浮き彫りにされません。
目標設定は、太陽光を集めてレンズで物を焼くのと似ています。
あれもこれもでは、分散してしまって集中力が発揮できないのです。

8．目標を磨く

目標は一度掲げられ達成に向けて走り出したら、なんか違うぞと、
そこで初めてわかる、そういったこともあります。
一度設定した目標は簡単に降ろすべきではない、と言う人も
いますが、私は必ずしもそうは思いません。
目標はいったん達成に向かって動いてみない限り、

その目標で良かったのかどうかわからない面もあるのです。

そのようなとき私は、自分の目標の達成レベルを変えたり、目標そのものの表現を変えたりします。

要は自分がわくわくすることが大切なのです。

目標を生活の一部にするために、目標を「磨く」ことが欠かせません。

目標は後生大事にしまっておくものではなく、あくまでも、今現在のあなたを燃え立たせるものであるべきものです。


ところで読者には会社勤めの方々も多いことでしょうね。

上司からは、必ずしも自分が納得できる目標を与えられるわけではありません。

そのようなときにはぜひ、上司と本気で議論してほしい。

納得できるまで話し合うのです。

与えられたままでの目標ほどつまらないものはありません。

議論の結果、同じ目標に落ち着いても、それはそれでいいではないですか。

すくなくともあなたは闘い、目標を自分のものにするために議論をしたわけだから、同じ目標でも意味が違います。

第二章　心と考え方

1．ストレスとうまく付き合う

ストレスはゼロにしようと思わないことです。

どうせストレスはなくならないものだから。

ストレス解消法、というのは間違っています。

ストレス操縦法、とした方が正しいのです。

全くストレスがなくなったら、人は一切のやる気すら失ってしまうことでしょう。

私は仕事柄、これまで何度となく人前に立って講演をしていますが、いつも本番前は胸がドキドキします。

これは何年、何十年たっても同じですね。

でもこういった緊張があるから、いい仕事をしようという気にもなっているのです。テレビで、あるプロのベテラン歌手が「私は今でも、舞台に上がる前には胸がドキドキするんです」と語っていましたが、ああ同じだなあ、と思ったものです。

そういうものなのです。一切のストレスやら緊張感がなくなったら、ガンバリも感動もなくなってしまうのではないでしょうか。
だからストレスはなくそうと思うより、うまく付き合うようにする。
たとえば「はけ口」を複数持っておくと便利です。
たとえばお金も時間もあるときには旅行に行くとか、
時間もお金もちょっと窮屈という場合には、散歩するとか。
私は映画をはけ口の一つにしています。
わざわざ映画館まで出かけていきます。
大画面に広がる日常とは全く異なる世界。
映画の終了後、街を歩く人々や風景がなんと新鮮に見えることでしょう！
ストレスはそれが過度に大きくなる前に、
小まめに吐き出すのがコツなのです。

2. イメージをコントロールする

ラーメンを食べたい！というとき、

あなたの頭の中にはうまそうなラーメンが浮かんでいます。
チャーシューの浮かぶ熱々スープの湯気、音を立てて
麺をかき込む自分の姿……。
もうたまらなくなってラーメン屋に駆け込む。
このように人は行動する前に、まずイメージが浮かびます。
あの人に会いたい！というのもそうですね。
良いイメージが浮かべば早速会いに行き、
悪いイメージが出れば行動するのをためらうことでしょう。
私は講演会の会場に着く前に、たとえば新幹線の座席で
会場の風景をイメージします。
その際こうつぶやきます……「満場笑顔、満場元気」と。
会場のみんなが満足そうな笑顔を浮かべている、そして、
今日の講演は良かったなあ！と元気になって帰る、そのように
想像するのです。するとどうでしょう、すべてがうまく事が
運ぶように思えてきます。
イメージの力は、いざ本番の舞台に上がる前に
すでに成功体験を味わっているような気分にしてくれるのです。

一日の生活に置き換えてみましょうか。

まずは朝起きるときのイメージ作りがカギです。

その日もまた様々な出会いや課題があることでしょう。

どうせやらなければならないことなら、楽しく時間をすごしている自分をイメージします。

はじめはなかなかうまくいかなくとも、そのように練習するのです。

たとえば職場の仲間と仲良く一緒に仕事をしている風景。

たとえば客との商談がスムーズに運んでいる風景。

良いイメージであれば何でもよい。

あなたを前向きに動かすすごいパワーになってくれます。

3．さらば！マンネリズム

固定観念にとらわれていると、たちまちにマンネリズムに陥ります。

だから、ふだんから柔らかい視点で色々な角度からモノゴトを見る練習をした方が良いでしょう。


浅草の一角にラブホテル街があります。

今やそれらは、外国人旅行者にとってなくてはならない格安のゲストハウスに変身しています。

その部屋々々は外国人たちにとっては相当な驚きです。

回転するベッド、赤や青のライト、なんとバスタブは透明だ。

宿泊客は「ねえねえ、こんなスゴイところに泊まっているよ」とネットに流す。そうして人が人を呼ぶのです。

ラブホテルというと私たちには一定の固定観念があります。

ラブホテルは男女がある行いを遂げるためのもの……というように。

でもそれを打ち破った企画担当者はエライ！

○○は○○でなければならない、という固まった思いを捨て去れば、マンネリズムはいつの間にかどこかに消え去っていきます。
マンネリズムを打破するシンプルな方法として
ふだんから「ちょっと変える」ことを試してみることです。

ちょっとやり方を変えるとか、ちょっと順番を変えてみるというように。
するとあるとき新鮮な発見をしたりします。
その積み重ねが固定観念を破り、マンネリを吹き飛ばすのです。

4．体調管理の前に心調管理がある

くれぐれもお体に気を付けて……とは決まり文句です。
相手の健康を気づかう美しい言葉です。
しかし本人の心が（どうでもいいや、そんなこと）と決めつけていれば
なにも始まらないでしょう。私が体調管理より心調管理の方が大事、
というのはそういうことなのです。
心が疲れると人生にも嫌気がさしてきます。
彼氏にフラれて過食症になってしまう女性もいます。
奥さんとうまくいかず酒で現実逃避をする男性もいます。
心調管理とは、自分の心を自分でなんとかやりくりすること。

私たちは体には当然のように栄養補給します。
が、体と同様人間の心にも栄養を与えることを忘れてはいけません。
栄養が足りないとストレスやショックにも弱くなるのです。
心調管理のために誰でもできる簡単な方法があります。
それは、感動することにもっと貪欲になることです。
美しい花を見て（きれいだなぁ！）と感じる。映画の名場面に感動して涙する。
おいしいものを食べて心から（うまい！）と叫ぶ。
それぞれ心に栄養を与え、心の調子を整える行為なのです。
体の調子の前に心の調子あり……私の信念です。

5．笑う門には福来たる

働く現代人から笑顔を奪った要素が二つあります。
一つは忙しさ。人は忙し過ぎると、笑顔を失います。
さらにもっと忙しくなると怖い顔になる。
たとえて言えば、その人の半径2メートル以内近づけなくなるような。

うっかり近づくと、なにか危害を加えられそうな。

笑顔を奪ったもう一つはコンピュータです。

ある日、会議の間中コンピュータに向かっている人がいました。きっと会議の進行と同時に議事録を作成しているのでしょう、私が発言している間にも、こちらの顔を見もしないで固い顔でバチバチとせわしなくキーボードをたたいています。終始無表情。不気味な感じさえしました。

上野の鈴本演芸場で落語を聴いていたときのこと。

落語家がお客様のこれまでのご愛顧にお礼を言っています。

「エエー、みなさまのおかげ様をもちまして私も北から南まで全国区でお話をさせていただけるようになりました。

エエー、北は北千住から南は南千住まで……」（会場爆笑）

北千住《きたせんじゅ》と南千住《みなみせんじゅ》は、ほんの目と鼻の距離です。

笑いには不思議な力があります。

笑いは一瞬のうちにその場の空気を和ませます。

フランスの哲学者アランが言うには「人は幸福だから笑うのではない。笑うから幸福なのだ」。

だから面白くなくても、たとえ今は幸福な気分ではなくとも笑顔を作ってみよう。第一、笑顔のない所に人は集まりません。

笑顔のあるところに運も福も巡ってきます。

6．いつも元気でいる必要はない

本当に元気な人は、いつも元気であろうとしていない人です。

やるときにはやる。休むときには休む。

そのメリハリ、ＯＮとＯＦＦの使いこなしが上手な人です。

私たちはお互いに生身の人間ですよね。

なにかを一生懸命にやったあと、疲れ果てることもあります。

人と会うことすらイヤになってしまう瞬間だってあるでしょう。

そのようなときには自分をどこまでも落ち込ませてもいいのです。

落ち込ませた果てに、きっとまた元気が盛り上がって来ますから。

どうして自分はこうなのだと卑下したり、無理したりしないように。
「いつも元気で」という強迫観念とはおサラバするのです。
すると、グンと気持ちが楽になるから。
誰でも夜は眠りに入るように、あなたの元気にも
休息を与えなければならないのです。
だから私は自分に元気がない時間を大事にしているのです。
やがて新しい元気が訪れるのを待つために。

7．絶望は何も生まない

ある人はどんな困難な中にあっても、わずかながらも希望を見出そうします。
反対にまたある人は、どんなに楽観的な状況の中でも（もうダメだ）、
（あきらめた方がいい）とすぐに悲観の種を見出します。
希望も絶望も考え方の習慣に他なりません。

たとえばあなたがどうしても好きになれない上司がいたとしましょうか。とても厳しい。あなたにとって、とてもイヤなヤツだ。（あの人の元で働くのは、最大の不幸だ）とも思えてきます。

一方、こうも思い直すことができます。

……皆の前で怒鳴られることは本当につらいが、自分に全く非がなかった、ということもそうでもない。多少思い当たることもある。

だからあの上司は私を磨いてくれる人である……とも。

「我以外皆我師」（ワレイガイミナワガシ）という言葉があります。

文豪吉川英治の作品の中にも出てきますし、また彼自身が座右の銘としていたそうです。自分以外はみんな自分の先生。そう考えれば、どんな人からも謙虚になって学べるではないか、の意味です。

「我以外」の人と状況から、それがどういうものであれ、明るい一筋の光を見出そうとする……希望はそう思考する習慣を身につけた人にだけ見えてくるものです。

8. 人生の支えになるものとは

いざというときに自分の支えになるものを持っている人の心は強い。

私の知人は若いころからドラムをやっています。

今40代だが父親どうし集まって、学校の催しで子供たちの前で練習の成果を披露したりもしています。

彼は「音楽は私の心の支えです」と楽しそう。

私は仏教徒なので、仏の教えを死ぬまで心の支えにしよう、と決めています。

天台宗の瀬戸内寂聴師が語っていましたが、どの宗教に入るのもいいが、「不自然なほどお金がかかるのかどうか」を見極めなさい、と。

もっともなことですね。日本には、たちの悪い新興宗教も乱立しています。

それらに引っかからないための一つの有効な判断基準でしょう。

人生の支えを見つけようとするときのキーワードに「利他」があります。
他を利すること。自分の満足のためだけではない、
なにか人のためになることを心の支えとして実践していくことです。

私も講演会や研修会などの仕事をしていて、
「おかげさまで！」と相手に感謝されれば至福の嬉しさです。
わずかでも自分だけの満足を超えたものへ貢献できた喜び。

（支えになるものが見つからないのです）という読者もいるかも知れませんね。実際、研修会等でよくある質問なのです。

そのようなとき、あなたの「大好き」を思い出してみてはどうでしょうか。ちょっと記憶をたどってみてください。

ずーっと子供のころまでをたどれば、誰にも好きなことがあったはずです。

私の場合、今でも海が好きなのです。遊び盛りに瀬戸内海の島で暮らしたからでしょうか。今でも海を見れば、心が解放され空を自由に飛び回るような気分になります。

好きだったことを中心に据えて、心の支えを構築していくのも一つの方法ではないでしょうか。

第三章 KAIZEN

1. KAIZENは世界に誇る日本の文化

カイゼン（＝改善）は、世界中の人々が知っている日本語です。

これはおそらく、トヨタはじめ日本のメーカーがグローバルに工場を進出するようになった結果でしょう。

カイゼンは、日本の会社の中でどこでも口癖のように飛び交っている言葉です。

私はカイゼンを仕事の場のみならず、私たちの生き方や考え方の根底にあるものだと主張してきました。

その意味でカイゼンは日本の文化なのです。

2020年には東京オリンピック・パラリンピックが開催されますが、カイゼンをさらに世界に紹介する大チャンスだと思います。

クールジャパンと称して、工芸品や和食など日本の素晴らしさを宣伝するのは大いに結構なこと。

でも私は日本人の根源にある思考法を伝えたい、と願っているのです。

その方がずっとクールなことではないでしょうか。

江戸時代の農政家、二宮尊徳はその指導理念を積小為大《せきしょういだい》としました。小を積んで大と為す。

小さな努力の積み重ねが、大きな成果につながることを、江戸時代、各藩の指導を通して実証してみせました。

P・F・ドラッカーはその著「ポスト資本主義社会」の中でこう語っています。

「今日のところ、日本だけが、おそらく禅の影響だろうが、企業組織の日常の活動と仕事をカイゼンしている。カイゼンの目的は、製品やサービスを改善して2、3年後にはまったく新しい製品やサービスにしてしまうことである」

私たち日本人は素晴らしい知的遺産を先祖より受け継いでいます。

気が付いていないのは当の日本人だけかも知れないですね。

2. KAIZEN MINDを磨き続ける

少しでも良くしていこう！という心のことをカイゼンマインドと呼びます。

カイゼンマインドさえあれば、人はどんな境遇にあっても、前進するのをやめることはないでしょう。

私たち日本人は「カイゼンは当たり前のこと」と思うかも知れません。

しかしひとたび海外に出ると、とんでもない風景に出くわすことがあります。

私はある日、アメリカのサンフランシスコ空港で人と待ち合わせをしていました。一時間待っても約束していた人が来ない。

（ひょっとすると違う場所にいるのかな？）

そこで近くで掃除しているオジサンがいたので、他の待ち合わせ場所の可能性を聞いてみたのです。しかし……こちらの困っていることに全く関心がない様子。困っている旅行者のために考えてみることすらしない。

ただただ面倒くさそうに「知らない」とだけ吐き捨てるように言い放ったのです。つまりカイゼンマインド皆無なのですね。

この一例でも分かるように、もっと良くしようという心の持ち方は、実はグローバルな視点から見るととても貴重なのです。


どうすればカイゼンマインドは持ち続けることができるのでしょうか？

その鍵は、「工夫する楽しみ」にあります。

楽しいからこそ継続できるのです。

ところで私は家で時間が許せば、朝、家族のためにしていることがあります。

それは味噌汁作りです。たかが味噌汁、されど味噌汁。
工夫の余地は無数にあります。
味噌の加減はどうか、だしは適当か、今の旬の具だったら何がうまいか……。
身近のちょっとした事の中にも、工夫の喜びはいくらでもあるものです。
カイゼンマインドを持てば、楽しみはどんどん広がります。

3．良い情報に触れる

カイゼンをサクサクと進めるには、
ふだんから良い情報を取り入れておくことです。
（ああ、いいなあ！）と感じる情報の引き出しが
多いほど、それだけ目前のカイゼンもしやすくなります。
良い情報とは、本物情報であり直接情報でもあります。
この稿を書いているこの季節、菖蒲《しょうぶ》が
咲き始めています。私の自宅の近くにも有名な菖蒲園があり、

遠くからも大勢の人が花を見にやってきます。

菖蒲ってどんな花？などはすぐにインターネットで知識を得られます。

ウィキペディアによると
「ショウブ（菖蒲）は、川などに生える単子葉植物の一種。ユーラシア大陸に広く分布し、薬草、漢方薬としても用いられている。茎は湿地の泥の中を短く横に這い、多数の葉をのばす。葉は左右から扁平になっている」。

でもどんなに調べても、本物に直接触れる感動にはかないません。

梅雨空に映える紫や赤紫、白の花弁。

その可憐な姿を見れば、なぜ昔から日本人に愛され続けてきたかが五体で感じるはず。

インターネットの間接情報をいかに取り込んだところで、それはわからない。現代のように情報が氾濫している時代は、良い情報、本物の情報が埋もれてしまいがちです。

カイゼンをするには、情報に接する姿勢をまずカイゼンするのが早道です。

4．問題解決の基本

①　問題の本質は何か
②　解決の選択肢を広げる
③　解決の選択肢を絞る
ある問題を解決するには、まずそれは
いったいどういう問題なのか？を把握する必要があります。
トヨタでは「なぜ？を5回繰り返せ」としています。
なぜ？を繰り返しているうちに問題の本質にたどり着くというわけです。

一方で私は、直観的な本質の把握がとても大切だと思います。
ちゃんとした理由はないけれど、でもなんとなく感じる、というやつですね。
「なにごとの　おはしますかは知らねども　かたじけなさに　涙こぼるる」
12世紀の武士、僧侶、歌人であった西行法師が、伊勢神宮を
参拝した際の歌とされています。
「そこにどなたがいらっしゃるのかはわかりませんが、

なんとなくのありがたさに涙がこぼれてくるのです」

なにか偉大なるもの、サムシンググレイトを想う、その感性は理屈ではありません。直観です。

本質を探し当てるためには、論理的に近づく方法と、直観的なアプローチの二つが必要なようですね。


本質をつかめばそれは即ち、問題解決のテーマを明快に設定できたということになります。あとは解決のための選択肢をどんどん広げれば良いのです。

A案B案……Z案まで、考えられるありとあらゆる解決策をリストアップします。

選択肢を広げる時には、その実現可能性などは考える必要はありません。自由にのびのびと広げてみましょう。

選択肢を絞る段になってはじめて、現実的な視点でピックアップするのです。あとは実行あるのみ。

5．具体的に困ろう、具体的な答えが出るから

カイゼンのネタは、あなたが日常困っていることの中にあります。
たとえば、プロジェクトがなかなか進行しなくて困ったとか、
社内メールがうまく伝わらなくて困ったとか……。
カイゼンは、さあカイゼンしよう！と見渡してもなかなか
そのネタはなかなか見つかるものではありません。
それよりも普段から困ったことをリストアップしておく。
困ったことのリストは、それこそカイゼンの宝庫です。
困ったことの裏返しがカイゼンなのですから。
私はそれを「困ったことリスト」と呼んでいるのです。

リスト作成の際のコツがあります。具体的に困ることです。
漠然とした困り方をしないことですね。たとえば
先述のプロジェクトが進行しない……とはまだまだ抽象的な困り方です。
もっと具体的に、たとえば仲間とのコミュニケーションが停滞して困ったとか、

企画書の表現がわかりにくくて困ったとか……。
具体的に困るからこそ、具体的なカイゼンが出やすくなるのです。
職場であるいは家庭で、数人でこの困ったことリストを
作ってみてください。カイゼン策が出やすくなりますよ。

ところで意外と思うかも知れませんが、
困るという行為は、実は美風なのです。
「困る」とは、なんとかしたいと願っている証拠にほかならないから。
カイゼンなんかどうでもいい、という人が大半であれば、
誰も何にも困らないことでしょう。したがって
「困ったことリスト」にいつもいっぱいリストアップされる
職場は健全なのです。

6. ヤメル・ヘラスの視点は欠かせない

なにかを始めるよりも、なにかをやめるほうがずっと大変。

人はモノゴトを惰性で続けることはできるけれど、やめるには「さあ、やめよう！」という意志力が必要になってくるからです。でもそのぶんヤメル、ヘラスのカイゼンはパワフルとなります。

たとえばある書類をカイゼンしようとする前に、この書類はなくせないか？を考えてみる。

またこの会議のカイゼンをどうのこうのと考える前に、この会議はなくせないか？を問うてみます。

なくてすむものならそれに越したことはないからです。


登山の言葉に「登る勇気よりも下りる勇気」があります。

悪天候の登山、リーダーが下山の決意を躊躇したために悲劇が起きた例は枚挙に暇がないほど。

今までなじんできたものをやめるには多少の勇気がいりますが、不必要なものをやめたり減らしたりする
カイゼンの効果は計り知れません。

人々の仕事は放っておくとつねに複雑化するもの。よけいなものがどんどん貯まってくるものだからです。

ヤメル、ヘラスのカイゼンでシンプル化しましょう。

7. KAIZENは次の飛躍を準備する

カイゼンとは小さな工夫です。
小さな変化を続けることです。
英語では Continuous Improvement といいます。
直訳すると「継続的改良」です。
それに対し、イノベーションは大きな変化のことを指します。
革新、もしくは刷新と言って良いでしょう。
さてその両者の関係は?
私はカイゼンとイノベーションを別物ではないと考えています。
たとえればコインの裏表のような関係。
普段カイゼンの努力をしているからこそ、イノベーションが生まれる。
小さな変化を積み重ねると大きな変化になるのだから。

私はこれまで研修会や講演会で、時計のセイコーや自動車のトヨタなどとも関わりを持ってきました。

日々のカイゼンと時おりのイノベーションの関係を間近に見てきたのです。

たとえば時計。自動巻き腕時計が出て、ああ、いちいちねじを巻かなくて便利だなあ、と思っていたら電池内臓型が現れました。

そうこうしているうちに、時間の正確さで他を圧倒したクォーツが登場、そしてデジタル腕時計を経て、今や衛星電波腕時計です。

私たちは「イノベーションはある日突然訪れたのではない」という事実を忘れてはなりません。小さなカイゼンを日々積み重ねていくという、気の遠くなるような地味な作業がやがて突破口（イノベーション）を開くのです。一見小さくて取るに足らない小さなカイゼンこそが、実は着々と次の飛躍を用意しているのです。

8．大きな夢と小さなKAIZEN

夢なきカイゼンほどムナシイものはありません。

たとえばあなたが、毎日まじめに小さな努力をこつこつと積み重ねているとしましょう。

あるとき、ふと手を休めて自らに問いかけてみます。

（はて自分はいったい、何をめざしてカイゼンしているのだろう？）

このカイゼンの先にいったい何があるのだろう、という問いに明快な答えを見いだせないとしたら、あなたはカイゼンのためのカイゼンをしているのかもしれません。


夢は大きく持つ。だけどカイゼンはしょせん小さな努力の連続です。

その小さな努力の連続の中に、自らを溺れてさせてしまってはいけない。

努力のための努力はムナシイ。

努力はつねに、夢や目標に向かい続けているものであるべきです。


大きな夢と小さなカイゼン。“Big vision & Small steps”です。

大きなビジョンに到達するために、数々のステップを踏んでいく。

一つ一つのステップこそが、一見何の変哲もないちっぽけなカイゼンなのです。

だから、ときどきカイゼンの手を休めて見上げてみることが必要なのです。大きな夢を、ビッグ・ビジョンを！

第四章　コミュニケーション

1.「はず」と「つもり」が宿命

どんな親しい人との間でも、コミュニケーションのすれ違いは起こるものです。
言ったはずだった、とか、伝えたつもりだった……とか。
お互い生身の人間どうしの触れ合いなのだから、実は「はず」や「つもり」が
発生するのは当然なのです。それはコミュニケーションが本来持っている
宿命と言っても良いものではないでしょうか。

酒の席でのこと、私の何気ない一言がある人を
カンカンに怒らせたことがありました。
細かい顛末は省きますが、まさに私の全くそういう「つもり」
でなかった発言がその人の逆鱗に触れたのです。
その人は私よりも人生の大先輩。相手を傷つけてしまったことへの
私の謝罪、そして一緒に飲んでいた人のとりなしもあって、
幸い今ではこれまで以上のお付き合いをしています。
それはそれで事なきを得たのですが「はず」「つもり」は、

人と人との関係を断ち切りかねない恐れを孕んでいるのです。

人は容易に誤解するものです。「はず」「つもり」は宿命だと腹に落としてしまうと、ふだんからコミュニケーションはなるべく誤解のないようにしようという気にもなってきます。

複雑化するほど、はずとつもりの発生率は高くなります。

私もメールは大いに活用していますが、文章もなるべくわかりやすい短文を心がけています。添付書類や同報する相手がいる場合も必要最低限に抑える。

それでもコミュニケーションの世界には、信じられないようなすれ違いは起こるものなのです。

2．すぐに使えるカイゼン策

①ちょっとコミュニケーション
②一堂コミュニケーション
③かこつけコミュニケーション

「ちょっとコミュニケーション」とは、ちょっとした触れ合いを大切にすることです。人とコミュニケーションをとることに重くならないように。朝の「おはよう!」も、ちょっとコミュニケーションの代表ですね。元気ですか?と気軽に声をかけるのも、ちょっとコミュニケーションです。英語ではア・リトル・コミュニケーション。

日常のコミュニケーションは、長さより頻度が大事なのです。


ちょっとコミュニケーションが日常のこととすれば、「一堂コミュニケーション」は必要なときに行うもの。

日本語ではよく一堂に会する、といいます。同じ場所に集まることを指します。人が会議に集うのはその典型です。ひところ社内旅行や社内の運動会は影をひそめていましたが、また復活する会社も増えてきました。

これらも典型的な一堂コミュニケーションですね。


ところでコミュニケーションをとる時間がないとか、うまくきっかけをつかめないと嘆く人もいます。そのような人には

「かこつけコミュニケーション」をおすすめします。
何かにかこつけて集うのは、私たち日本人の得意とするところでもあります。
たとえば桜にかこつけて花見をする。花を愛でるのもさることながら、
飲食しながらのコミュニケーションがまた楽し、というわけです。
人の誕生日にかこつける、目標達成にかこつける、記念日にかこつける……。
かこつければコミュニケーションのきっかけは無数にあります。

3．直接会う、ダイレクト・コミュニケーションのすすめ

IT化が進むほど、人と直接触れ合うことが希薄になってきています。
メールやラインなどのやり取りに没頭するあまり、
一見画面上ではコミュニケーションを取り合っていたとしても、
直接本人を目の前にして、何も話せない人もいます。
ある医者が嘆いていましたが、若い来診者に何を聞いても応えてくれない。
そこで一計を案じて、医者と本人との間に顔が少し隠れる程度の
衝立を置いてみたといいます。するとようやく、来診者は

ポツリポツリと症状を語り始めたのです。笑うに笑えない話ですね。

今や「飲みに行こうか？」の誘いも、同じオフィスの隣に座っている相手とメールで済ませる時代です。

このままだとますます対人能力が退化してしまうかも知れません。

私は能や落語、コンサートなど、時おりライブ会場に出かけます。
テレビやラジオ、ＣＤなどの媒体を通してではない空気がそこにあります。
ライブはやっぱり違うなあ！と感じます。
ライブの素晴らしさは、生きて演じているその人のオーラを、
その場で浴びることができること。
ＩＴ化の進行は、ともすると私たちは間接情報だけでも
生きていけるのではないかという錯覚に陥りがちです。
そうではない。はじめに直接情報あり。
直接触れ合い、感じる……これが原点です。

4. 話し合い原則

①　何でも言える
②　決めつけない
③　あとで選ぶ

サッカーにはサッカーのルールがあるように、
また柔道には柔道のルールがあるように、話し合いにもルールがあります。
仮に話し合いが盛り上がらず元気がないとすれば、
このルールを守っていないからなのです。
話し合いのためにはまず第一原則「何でも言える」ことです。
同席した上司に遠慮したり、これを言うと誰かの利害に反するなどと、
複雑な心持では自由な話し合いは望めません。
実際やってみると痛感するが「何でも言える」空気づくりは、
けっこう難しいものですよ。

そこで何でも言えるようにするために、第二原則の「決めつけない」が

登場します。決めつけてしまうと、とたんに自由な視点による話し合いはできなくなります。たとえば「そんなことはとてもできない！」と誰かが決めつけてしまうと、そのほかの意見やアイデアをシャットアウトしてしまう。話し合いなのだから、できる、できない の決めつけをこの時点ではするべきではないのです。

話し合いでは、まずは意見やアイデアの量が肝心なのです。

その上で第三原則の「あとで選ぶ」が効いてきます。

たくさんの選択肢の中から「今回はこれを選ぶ」の段階です。

結論が豊富なほど、選ばれる結論も期待できるものになります。

5．元気な会議の作り方

① 言いにくいことも言える

② 水を差さない

③ 水を向ける

人はもともと言いにくいことは言わないものです。

誰も人を傷つけたくはないし、誰も好んで人の恨みを買いたくないから。

しかし実は、言いにくいことの中により多くの真実が含まれているものです。

言いにくいことをあえて言えるからこそ、実のある会議もできます。

普段から何でも言える組織は健康です。

これはまずトップ自らが実践しなくてはならないことです。

２０１５年の大塚家具の騒動は、コミュニケーション不足が引き起こした典型的な例です。株式総会という公の場で父と娘が対立しあっているのを見て、（普段から言いにくいことをズバリ言っていなかったんだなあ）と容易に想像できます。


ところで会議における「水」の役割は重要なのですよ。

日本語には「水を差す」という表現があります。

せっかく人が意見を言おうとしたときに、そんなことはとっくにわかっている、とか、あなたにそんなこと言われたくない、などは典型的な水を差す発言です。

その反対に、「水を向ける」は、あなたならどうしたら良いと思う？とか、こんどはあなたの立場から意見をお願いします、というような話の持って行き方です。さらさらと水が流れ出すように、相手も心の内を語ってくれることでしょうね。

6. スリーポイント法のすすめ

モノゴトは3つだと、まとめやすいし伝わりやすい。

ためしに打ち合わせの場でこう告げてみましょう。

「私が本日申し上げたいことは3つだけです。まず一つに……」というように。

すると相手は集中して聞いてくれるはずです。

商品のセールスポイントも、たくさんあり過ぎては印象に残らない。

「この商品には他社商品に比べ、次のような強みが3点あります」

聞く側の方でも、3つだけだったら聞いてやろうと思ってしまうから不思議なものです。


あるとき友人のY氏に提案したことがあります。

氏は仏教に非常に造詣の深い人です。集会の場でY氏がパワーポイントを使用して詳細な説明をしていました。私はそこに集まった人と一緒に聞いていて、どれだけの人が、内容を理解をしたのか疑問でした。

一つ一つのスライドに、これでもかというくらいに情報を載せている。

とても濃い内容だけに非常にもったいない気がしたものです。

Y氏の情熱はひしひしと感じます。でもあれこれ伝えたい気持ちを抑えて、スリーポイントにした方が結果は絶対に良いはずです。

たとえば、日本仏教の3つの特長、とか、日本に浸透した3つの理由……というように。スリーポイント法を活用するには、枝葉を切り捨てる勇気を持つことも大事なのです。

7．今だからハガキ

ヘタな字でもいいので、ハガキでお礼なりなにかの便りを送ってみると、喜ばれること間違いないでしょう。

印刷文字ではない。肉筆が良いです。私も字にはまったく自信がないですが、相手に読める程度にていねいに書けば、気持ちは確実に伝わるはずです。

長い文は必要ありません。短くても心を込めて書きます。
殆どメールで用を足している世の中だけに、なおさらハガキの良さが光ります。
デジタル化が進むほど、アナログの人間的な温かさが際立つのです。

一枚52円のコミュニケーション。
少し大きめの字で、伝えたいことをシンプルに書きます。
ややコストはかかるが、ときに和紙のハガキも高級感があっていいものですよ。
食事などをごちそうになったときなどは、即翌日に出す。
「先日はおいしい時間をありがとうございました。
今度はぜひ、私の隠れ家にご招待させてくださいね」というように。

ところで年の初めの年賀状や夏の暑中見舞いのことですが、
印刷文字だけのものなら即座にやめたほうが良いでしょう。
相手に何にも伝わるものはありません。しかし印刷文字の間に、
一言でもいいから肉筆を加えるだけで、相手にはあなたの息吹が垣間見えて
一枚の賀状も生き返るものです。

8．シンプル&ウォーム

コミュニケーションはシンプルを心がけた方が良いです。

でもシンプルになったはいいけれど、その分「なんだか冷たいなあ」という印象を与えるようだとつまらないですね。

人と人とのコミュニケーションは、シンプルだけどなにか温かい、というのが理想であるはずです。

もちろんスピードのみを要求されるコミュニケーションもあります。

クレーム処理などで一刻も早く処理をしなければならないようなときは、メールなどでさっさとやりとりしなければならない。

そのようなときは、メールの末尾に
「用件のみにて失礼します」と一言加えておきます。

それだけでもシンプルさの中にちょっとした温かさが加わるものです。

報告、連絡、相談、そして文章も必要以上に長くなったり複雑になるほど、すれ違いや勘違いが多くなってきます。

だからつねに簡単明瞭を心がけるようにします。
同時に血の通った温かいコミュニケーションも忘れない。
人前でのスピーチも、情報の氾濫するこの時代に、
無用な引用や建前的な発言は人を飽き飽きさせるだけです。
相手の立場に立って伝えたいことを絞り、同時に相手を想う
心をも乗せていく。シンプル&ウォーム……シンプルだけど温かい。
言うは易く行うは難しですが。挑戦のしがいのあるテーマです。

第五章 モチベーション

1．リーダーの情熱に比例して組織は燃える

組織はリーダー次第です。リーダーがしょんぼりしていると、集団もまた元気を失います。逆にリーダーが元気な人だと、その元にいる人たちにも元気がうつります。

情熱は感染するものなのです。

情熱というと、すぐに私の心に浮かぶ人がいます。

私の柔道の恩師W氏は、高校時代からのご縁。

W氏は80歳近くなった今も柔道の指導を続けています。

自ら道場を経営する傍ら、出身校の高校や大学に今も通って、若い選手たちと接し続けています。

幾百人もの弟子たちは社会人になった今も、W氏を慕って一緒にお酒を飲んだり歌を歌ったり……。

W氏の情熱は多くの人々を育てたのです。

やはり人の情熱がそのまわりにいる人の心に火をつけたのではないでしょうか。

書店にはリーダーシップに関する本が数多く並んでいますが、リーダーシップは技術やノウハウではありません。もっと「心」に関することです。リーダーシップとは、ノウハウ以前のもっとドロドロとした人間そのものに関するテーマなのです。

私は人が変わっていくために熱血対話を提唱しています。

情熱を傾けた語り合いを「熱血対話」と呼んでいるのです。

ではその情熱はどこから来るのかというと、これはもう人と触れ合うのが大好きだから、と答えるほかはありません。先述のW氏も日頃から若い人に柔道を教えるのが好きでしょうがないのです。

2. 輝くリーダーとは「火種」になれる人

よく、あの人はオーラが出ているね、と言いますね。

その人に会うとなんとなく元気が出る。そしてなにかしらの良い影響をもらえます。その人に接していると、その熱で冷めていたこちらのハートもゆすぶられて次第にホットになってくるようです。

人を動かすオーラを発している人のことを私は「火種」と呼んでいます。

鈴木亜紀さんはあるレストランの店長を任されています(172ページ参照)。

彼女はまだ20代の若さなのに、社長の信頼は厚い。

というのも、鈴木さんが店長として務めたお店はどんな不振店舗でも、数か月で息を吹き返すのです。

お客の数は増え、売り上げもあっという間に挽回してしまう。

だから社長は、ここぞ！いう経営的な判断をする際、鈴木さんを投入します。彼女をまじかに見ていると、まさに「火種」そのものという気がしてきます。火種は他に情熱を伝播させるから火種といいます。

鈴木さん、いったいふだんどのようにしているの？と聞くと、

「メンバーの一人一人をよく見るようにしています」と。

共に働くメンバーの大部分は学生などのアルバイトです。

もしシュンとうなだれている人がいれば、すかさず声をかけます。

「あと一息で目標達成だよ」とか「あなたならきっとできちゃうよ」とか。

火種リーダーとはコミュニケーションのプロでもあるのです。

3．本音で語ろう、本音の元気をつかもう！

モチベーションは本心から発するものです。

本音をどこかに隠しておいて、モチベーションとかやる気とかを論じることはできません。

もともと本音でやりとりする打ち合わせや会議は楽しいものです。たとえば、なに遠慮することのない友人との食事やお酒の席などを思い浮かべてみてください。

本音で語り合えるからこそ楽しいのではないでしょうか。


一方、こんな悩みもあることでしょう。（言いにくいことはどう言えばいいのか）ということ。

実は言いにくいことの中にこそ本音が含まれていることが多いものです。

だから、よくわかる悩みでもあります。

言いにくいことを、そのままストレートにズバリと言い放ってしまえば、それこそ相手もムッとするに違いありません。

言い方一つで相手の心を傷つけてしまうこともあるでしょう。
私はそのような場面で工夫して練習していることがあります。
「予告」をするのです。
「申し訳ありません、腹を立てないで聞いてくださいね」
とか「私が申し上げる筋ではないのですが」のように。
予告することによって、相手は心の準備をすることができます。
（ああ、この人は何か言いにくいことを私に向かって言おうとしている）
というように。少なくともいきなり言われるよりは、
相手も聞く耳を持ちやすいのかも知れません。
もちろん私もこのような工夫だけで、100％うまくいく
とは思ってはいません。人間の心にはもっと奥深い闇があります。
でも本音の伝わる割合が多いほど、その分働くことへの意欲や、
モチベーションと称せられるものも上昇するのは本当のようです。

4．感動体験を共有する

たとえば家族旅行。家族水入らずで、どこか観光地に旅したとしましょう。温泉につかってホッとする。秋の紅葉を見てきれい！と感動する。さあ、湖をバックにみんなで写真でも、等々。

一つの写真に家族が収まって気持ちも一つになっているようです。

職場でも原理は同じです。

みんなで苦労してプロジェクトを成功させた、とか、目標を達成したなどという喜びや感動を共有します。同じように気持ちが一つになります。

職場というものは、単に仕事場が一緒であるだけではない。

そこには仕事以前に人の心があります。

職場とは、共に目標をめざして泣いたり笑ったりする場なのです。


ところで共有の三段階というキーワードがあります。

三段階とは次のようです。

情報の共有化→危機感の共有化→感動の共有化。

まずはふだんから、お互いに極力情報の共有化を図ることですね。

会社や職場や店舗が今どういう状況にあるのか。

どんなことが課題なのか。自分たちはどちらの方向へ向かっているのか……。

情報が共有化されているからこそ、（こうしてはいられない）という危機感も共有化されるのではないでしょうか。

そしてこれが肝心なことなのですが、その結果（やったね！）の感動の共有化も生まれてくるのです。

5．３Ｋ法のすすめ

３Ｋとは、キツイ、キタナイ、クライのことではありません。

ここでは、キス、キック、キスを指しています。

以前ある海外の本の中で見つけたキーワードです。

Kiss はほめること、Kick はその逆に、しかる、という意味です。

（キック＝蹴飛ばす＝しかる、と理解する）

だから３Ｋ法とは「ほめて、しかって、またほめる」と読むのです。

たとえばこんな風景を思い浮かべてみましょう。
A君は新入社員。仕事はまじめにやっているのですが、
なにせ大学を卒業したのはついこの間、学生気分が抜けていません。
「A君、だいぶ仕事にも慣れてきたね。みんなも君のおかげで
職場が明るくなった、と言っているよ」
とまずA君をほめる。問題は次です。
A君に直してほしいこと、しからなければならないことをはっきり伝えます。
「でもね、A君、さっきのお客様への態度と言葉遣いはいけないよ
もっと笑顔で丁寧に応対しなくっちゃ！」
これがキックの部分なのです。
だがキックしたままで終わるとA君はしょんぼりしてしまう恐れもあります。
そこで……
「A君の力からすれば、きっと出来るよ。楽しみにしているよ」
というように、キス（ほめる）で締めるのです。
ざっと世の中を見渡すと二つのタイプがいるようですね。

まずはキック、キック、キックでいくタイプ。人をほめることが出来ないのです。これだと人は離れていってしまいかねません。

もう一つのタイプは、キス、キス、キス。ほめ殺しのタイプですね。

そのうち（どうせ、おだてているだけじゃん）と信頼されなくなります。

3K法（ほめて、しかって、またほめる）……けっこう使える法則なのです。

6. プラトー現象を知っておく

プラトーとは高原のことです。
これまでは右肩上がりにどんどん成長してきたのに、
なぜかその成長を実感できない時がやってきます。
今まで通り努力はしているのに、前に進んでいる気持ちがしない。
これまでは良かった！でも今はなんだかおかしい！
自分は進歩や成長から見放されてしまったのだろうか？
……その時人はあせったり、嫌気がさしたりします。
でもそう悲観する必要はありません。

あなたはプラトー（高原）にさしかかっただけなのですから。
道は平らかで上へ上へと登っている感じはしないだろうが、
しばらくはこの状態で歩き続けなければなりません。

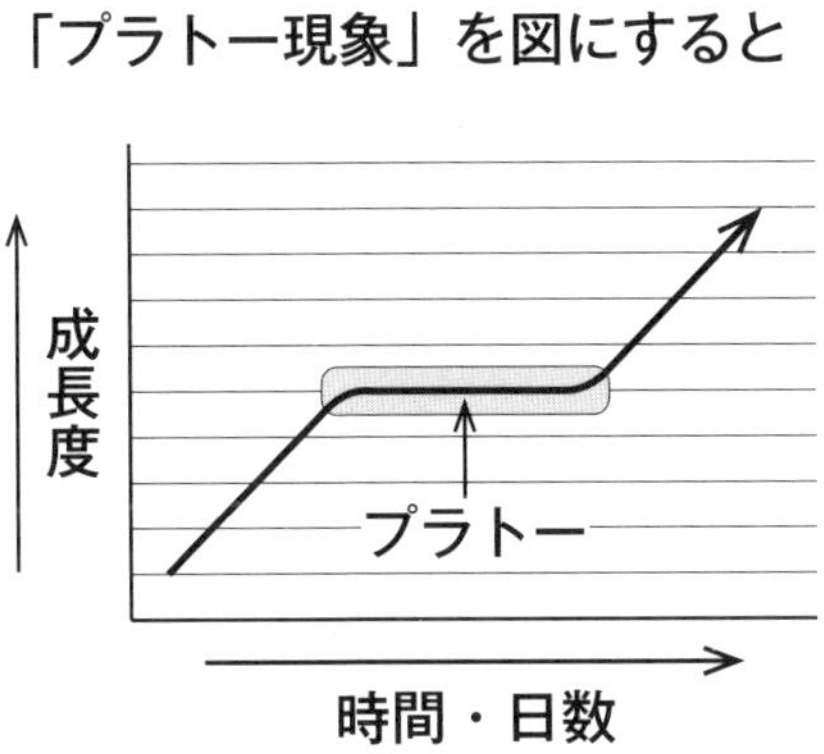

私は大学で語学を専攻しただけに、この現象は良くわかります。
我ながらぐんぐん伸びてるなあ！の実感の後には、必ず、あれれ？という

停滞状態が続き、投げ出してしまいたくもなります。
でもこれは、次の進歩のために必ず通らなければならない道なのですね。
この足踏みとも見えるプラトー現象を知っておくと心強い。
なぜかというと、これは単なる足踏み状態ではないことを知っているから。
努力さえし続けていれば、やがて次の成長曲線に出会うことができる、
と腹を決めることができるからなのです。

7. フィードバックは鮮度が肝心

私は鮮度をとても大切にします。鮮度とは新鮮さの度合いのことです。

たとえば人にお礼を申し上げる場合も、なるべくその気持ちがあせないうちに伝えておきたいもの。メールも良いですが、このごろ私はハガキを使用してお礼を伝えることもしています。

「ハガキを投函して先方につくのは遅くなるではないですか」

と言われるかもしれない。確かにハガキはメールより時差があるが、
それは相手も承知のこと、ケースバイケースですが、肉筆で心を伝える方を

私は選ぶことが多いです。

職場で人をほめたり、あるいは人に注意を促す場合も基本的には鮮度を重要視した方が良いです。

気持ちがさめないうちに、なるべく早めにほめ、早めに注意するのです。

相手にしたって、忘れたころにほめられたり、しかられたりしてもピンと来るものではないでしょう。

フィードバックはまるで刺身のようです。新鮮だからおいしい。新鮮だから腹に落ちるのです。

一方、新鮮だから腹にこたえる、厳しいということもあります。

ある晩、私の所属する柔道関係の集まりで酒を飲んでいました。10人くらいの会であったでしょうか。

仲間の一人がなにかの用で中座するという。

私は何気なく「どこ行くの？」と聞いたら、私の師範の大先輩が「野暮なこと聞くんじゃない！」と一喝されました。

鮮度も鮮度、その場での直接フィードバックです。

ちょっと身のすくむ思いをしたものでした。（汗）

8. ゲーミフィケーション

ゲーム化のことをゲーミフィケーションといいます。
モチベーションを高めるには、ちょっとしたゲーム化を試してみると
また良いものです。たとえば「競争」。よーいドン！でゴールを
目指してみんなで競争します。負けたくない、勝ちたい、記録を破りたい、
などゲームへの熱中が、ひとときも人をモチベーションの炎とするのです。
H社という大手のクリーニング業の工場を訪ねたときのこと。
仕上げ作業の各ラインに、数字が大きく掲げていました。
「なんですか、これは？」と聞くと、昨年の一時間当たりの仕上げ枚数の
実績だといいます。ワイシャツなどの仕上げの作業をするとき、
昨年を超えてやろうじゃないか、というゲーム・ゴコロを刺激するものでした。

ゲーミフィケーションの一つにまた「ごほうび」があります。
ごほうび欲しさにいつもよりガンバッタ！という経験は誰にでも
あることでしょうね。私は毎朝、その日にやらなければならないことを

書き出しています。そしてそれぞれの作業が終わったら横線を引く。その横線をサッと引く時が楽しいのです。達成感というごほうびを手軽に味わえるのですね。これって何かに似ているな、と気づきました。子供がよくやっているシール集めやスタンプ集めと似ています。一つ一つのシールやスタンプを貼ったり押印するたびに感じる満足感は、横線を引く感覚と似ているようです。ゲーム化の工夫はいろいろなところに転がっています。

第六章

時間の活用

1. 一日の勝負は朝決める

いい一日はいい朝から始まります。

一日を良くすごしたいと願うならともかく最高の朝をすごしてやろう！と決めつけることが大事です。一日という漠然とした時間を相手にせず、今ここにある朝という確実な時間に集中するのです。

私は朝起きる時の気分づくりから始めます。

布団の中で今日はスゴイ日になるぞ！と思い込むのです。


禅に「日々是好日《にちにちこれこうじつ》」という言葉があります。

天気が良かろうが雨が降ろうが、モノゴトがうまく運ぼうが、なにか大切なものを失った日であろうと、
ただひたすらありのままに生きれば、全ては好日、という意味です。

その好日のためにこそ朝が大事なのですね。

朝を征するものは一日を征す、と私は確信しています。

私はこの朝という一日のスタートラインにすべてを賭けます。

いい朝を迎えようと決めてしまえば、一日の生活も朝を中心に流れますよ。前の晩はあまり夜更かししないとか、深酒しないとか、夫婦喧嘩は朝はやめておこうとか……(笑)。それもこれも、さわやかな朝を迎えるための生活の工夫なのです。

2．時間は長さではない、密度だ

時間の密度を濃くするために、人はさまざまな工夫を凝らします。適度な休息をとったり、気分転換をしたり……。よく見かけるのが、だらだらとした会議です。実にもったいないことだと思いますね。3時間も4時間も続く。トイレ休憩すらない。そのような会議は、惰性に流れてかえって効率が著しくダウンします。

昔プロレスの番組で、「60分一本勝負」というのがありました。私はこれを会議にも当てはめるべきだと思います。1時間がたったら、10分ほどのリフレッシュタイムをとるのです。

メリハリをつけた方が良い結論が導き出されるのです。

変な話で恐縮ですが私は人と食事をしたりお酒を一緒に飲んでいるときでも、ちょっと失礼、とトイレに立つ。

必ずしも用を足す必要はなくとも、ただ手を洗うだけのときもあります。なぜ？というと会話の時間の密度のためなのです。ちょっと席を立つことによって、フッとさわやかな会話が再び始まったりする。

スポーツでも思わぬ怪我をするときは、選手がだらだらと練習をしているときなのです。私も長年柔道をやってきたので、これは断言できる。

時間は長さではなく密度が問われるべきなのです。

3．静かに振り返る時間を確保する

ときどきで良いから静かに自分を振り返ってみよう。
仕事のし方はこれでいいのだろうか……、
人との接し方に工夫の余地はないだろうか……、

ひょっとして自分は固定観念に縛られているのではないだろうか……。

忙しくそれどころではないよ、と言われるかもしれませんね。

でも忙しいからこそ、振り返ってみることが必要なのです。

今の忙しさを脱出するためにも、ちょっと手と頭を休めて振り返る。

だからこそ、打開の一手も見えてくるというものです。


振り返るというのは、反省とはちょっとニュアンスが異なります。

悔い改めるというのとも違います。

振り返るとは、もっと明るく前向きです。他にもっと良い方法や考え方があるんだ、を前提に今までのことを展望してみる……そのようなイメージです。

振り返りは一人が基本ですが、ときに親しく信用のできる人と二人や三人でもできます。利害関係のない学生時代の友人たちとの何気ない会話も、私にとって貴重な振り返りの時間です。

人は誰しも、その人なりの課題や問題を抱えて生活しているもの。

だからこそ振り返りの時間を確保することが大事になってくるのです。

4.「忙し病」にかかっていないか

忙しい、忙しいというわりには、それほど効率が上がっていない……そんなときがあるものです。

それはまるで下手な水泳のようです。バチャバチャと水しぶきを大いにあげて、一生懸命泳いではいるがそんなに前に進んでいない。

使ったエネルギーの割には効果が出ていないのです。

私はそのような症状を「忙し病」と呼んでいます。

「そんなにバタバタしなくてもいいのでは?」と問うても、「そうですね」としばらくは手は休めるが、また何かを始める。

忙しくなるまで、時間をめいっぱい使い切るまで頑張ろうとします。

忙し病とは、自分を忙しくしておかないと気が済まない病気なのです。

それはまるで風邪のようなもので誰でもがかかります。

その原因は、これは私自身を振り返ってみてしみじみ思うことなのですが「しなくてもいいことをしている」……この一点につきます。

水泳の例でいくと、無駄な動きをしていて無駄な力がかかっているのです。

忙しい、という漢字は、心を亡くす、と書きます。

ときに冷静になって自分の動きを振り返り「しなくてもいいこと」探しをしてみてはどうでしょう。しなくてもいいことに気づくことは、すなわち、しなくてはならないことを再発見することに他ならないからです。

5．優先順位をつけないと時間欠乏症になる

英語にバッチ・タスクという概念があります。

バッチ（batch）とは束《たば》のこと。

つまり雑用や小さな用事は一束にまとめて処理することを意味します。

たとえば私のある日のバッチ・タスクには、
税金の書類の郵送、○○さんへ電話連絡する、資料の整理等々。

さてそこで本題の優先順位をどうするかのことです。

優先順位なんか何も考えない人は、バッチ・タスクから始めてしまう人なのですね。これだと時間はいくらあっても足りないでしょう。

私は一日の内で重要かつこれだけは！という優先順位項目は、せいぜい二つか三つくらいだと思います。

日によってはたった一つのことに集中しなければならない。

そしてこれが肝心なことなのですが、優先順位の高いものに集中しているちょっとした合間に、バッチ・タスクを片付けていくのです。

あなたはすでに、最も大切なことは始動しているのだから、あせることはありません。気分転換をするかのようにゆとりで雑用をこなせば良いのです。

なお優先順位とバッチ・タスクは書き出して見える化したほうがしっかりと捕まえることができます。

6. 時間は作るものである

私はよく半ば冗談で「時間はあるかないかが問題ではない時間と子供は作るものだ」などと言います。

英語にタイムロック……Time Lock という概念があります。

文字通り、時間に鍵をかけてしまえ、ということです。

たとえば私は、火曜の夕方は他に緊急の用事がない限り柔道の稽古に行きます。

この時間は、私の大事な時間として鍵をかけているのです。

あなたにも欲しい時間がいろいろとあることでしょう。

資格の取得、英会話の練習、健康づくりあるいはリラックスタイム、などなど。時間がないと嘆く前に、自分のスケジュールと相談しながらタイムロックをかけてみてはどうでしょう。

ただし気をつけねばならないことが一つあります。

あまりに自分中心に鍵をかけすぎ、人づきあいに支障が生じると、友達を失ってしまうことがあるのです。お互い気をつけましょう（笑）。


もう一つの時間を作るための有効な方法があります。

「すき間時間」をうまく使うのです。人との待ち合わせ時間、移動時間など、作業と作業との間に生じるちょっとした時間に注目します。

ＴＯＥＩＣという国際的に評価されている英語試験制度があります。

高得点者の体験談を読むと、忙しいサラリーマン生活を送っているある人は、毎日の通勤電車の中だけの学習で高得点を挙げた、とありました。

すき間時間活用法はあなたに多くの可能性をもたらせてくれます。

7. 短時間集中

長時間かけて何かをしなければならないようなことでも、短時間集中の工夫をすることはできます。時間を分割するのです。

たとえば3時間の会議があったとしましょう。3時間と思えば「いや〜長い時間だなあ」と感じますよね。そのように3時間をトータルとしてとらえてしまうと、ちょっとウンザリしてしまいます。

そんなとき「はじめの1時間だけに集中してみよう」と気持ちを切り替えてみるのです。3時間という全体を見るとしんどいけれど、初めの1時間だったらなんとかなる。

1時間だけ、1時間だけと自分につぶやきながら集中するのです。

そして何とか1時間がたつと不思議なことに、意外と残りの時間も充実して過ぎていく。そんな感じになってしまうのが面白いところです。

この考え方を延長して私は三分割主義なるものを考えました。

たとえばあなたが企画書を書いているとしましょうか。

いっぺんに書き上げるには、とてもエネルギーが足りません。

でも今日、企画書の三分の一を書くのだったらできそうな気がする。

そこで私は、Aプロジェクト三分の一と予定表に書いて早速書き進めます。

翌日はAプロジェクトの三分の二だ。そのようにして集中を切らないようにして進めていくのです。

8．ときにＮＰＤ（No Planning Days）に遊ぶ

以上見てきたように、私たちはいつもなんとかして時間の密度を濃くする努力をし続けます。どうしたら効率が高まるかを考えます。

でもそればかりだと疲れてしまいます。ときには自分を解放すべきです。

時間当たりの生産性とは関係のない世界に自分を遊ばせるのです。

NPDとは、何も計画せず、何も生産せず、の時間です。

そのときはスマホも携帯も持たない。

どこでもいい、どこかで全く自由な状態に自分を置くのです。

私たちはいつも何かをしなければ、という強迫観念に駆られているかのようです。以前ニューヨークの書店を覗いたときに、

“The Art of Doing Nothing”という本が売れているのを知って驚きました。

「何もしないでいるための技術」というのです。ニューヨーカーたちも騒がしい日常から離れ、静寂の時間を確保するのに苦労しているのですね。


NPDはたとえばこんな風に使います。

「さあ、今度の日曜はNPDしよう」。

あるいはもっとたくさんの日数が取れそうだったら、

「2、3日温泉でNPDしてこよう！」というように。

もっとビッグに「1か月海外でNPDしちゃうぞ」も素敵ですね。

NPDは時間の束縛からの解放です。

NPDはあなたに深い休息を贈ってくれることでしょう。

NPDの後は再び、グンと時間密度が濃くなることは私が保証します。

第七章

生き方・働き方としてのマナー

1. 自然体であること

人との会話も、人への笑顔もごく自然がいいですね。
自然だからこそ疲れることもありません。
「おもてなし」の国日本は、顧客満足度は世界最高レベルと称賛されています。
だがさて、はたして働いている人側の満足、従業員満足はどうか
というと心もとありません。
その証拠に、仕事を終え帰宅する彼ら彼女らの姿を見てごらん。
電車の中でも疲れ切った表情。すべての元気を職場に出し切ってきたのかも知
れません。コンビニで夜のおかずを買う姿もなにか痛々しい様子です。
ありがとございました！とレジで言われても笑顔で反応する人はまれ。
自らの職場に笑顔を置き忘れてきてしまっているのかも知れません。
会社で身につけたマナーは会社の中だけのものでしょうか？
いったん会社の外に出ると、もう関係のないものなのでしょうか？
柔道で「自然体」というと、ごく無理なく自然に、互いに組み合うことを

指します。自然体が攻撃にも防御にも最適だとされています。

私もなるべく自然体を心がけて人と接するようにしています。

たとえば一現場の従業員と会うのと、会社の社長と会うのに差をつけない。同じ態度で臨みます。上にへつらい下にいばる、というのは自然体の姿ではありません。マナーにも同じことが言えます。

自然体は、会社や家のうちそとを分けるものではありません。どこでも同じ。それが自然だし、自由だし、無理がないから疲れもないのです。

2．利他主義

利他とは文字通り他を利することです。自分のことはともかくとして他の喜ぶことをしていく。

ところで私は長い間、自己啓発の本を読んできて、その影響も少なからず受けてきました。それだけではなく自己啓発の本も数冊著しもしました。

でもあるときふと気が付いたのです。自分のためばかりにいろいろと努力してきたけれど、この方向には限界があるなあ！と。

たとえていうと、自分を磨けば磨くほど、
そこはかとない寂しさ虚しさに襲われる……そんな感じです。

15年ほど前から真言密教系の仏教を知り修行を始めました。
そして少しずつ考え方が変わってきました。たとえば
母親が赤ん坊に乳を含める姿は完全な利他の行いです。
自分のためではないものに自分を捧げて、そこに至福の喜びを得る。
自分のエネルギーは自分にではなく他に向けられているのです。
私の仕事は経営コンサルタントですが、仕事を終えて「おかげさまで！」と
相手企業から礼を言われることがあります。すべての疲れが吹っ飛ぶ瞬間です。
働く……はたらく、とは傍《はた》を楽にすることだという人もいます。
やはり自分だけのことより、他のためにつくすという利他主義は
自然の原理なのではないでしょうか。

3．感謝の気持ちはすぐに伝える

たとえば人になにかをしてもらったとします。

贈り物をいただいたとか、食事をごちそうになったとか、あるいは何かの折に応援をしてもらったとか……。

こちらとしてもお礼の気持ちを伝えたいけれど、それには「鮮度」という考え方が大切です。

つまり、ありがとう！の気持ちがあせないうちに伝えることです。

タイミングを失してしまうと感謝が感謝にならない。

忘れたころにお礼を言われても、相手だって気の抜けた炭酸飲料のような気がしてしまうに違いないのです。


人をほめたり、注意を促すときも同じです。

なるべく鮮度のあせないうちに伝えるようにします。

唐突な例ですが大相撲で現在、最大の勢力を誇っているのが伊勢ケ濱部屋ですね。横綱日馬富士、大関照ノ富士、三役格の安美錦、宝富士など大勢の幕内力士がいます。強い力士を育てる背景に、親方（元横綱旭富士）の指導方法があります。親方は毎日稽古場で目を光らせて、タイミングよく声をかける、というのです。

「一番一番声をかければ、こういうところを直そうとか、次はこうしようとか思います」

私は伊勢ケ濱親方の鮮度の良い一声一声こそ力士が強くなった秘訣だとみているのです。

4．あいさつ先取り主義

「近頃の若い人はまったくあいさつもせん！」と苦々しい顔をした管理職がいました。

聞くとオフィスで顔を合わせても、目をふせたりそらせたりするばかりで、おはようございます、の声もないというのです。

それは違うだろう、と私は思うのです。

彼の本音はおそらくこうです。自分は部長である、彼らより俺の方がエライ。

だからあいさつするのは、当然彼らの方から先にすべきなのだ……と。

これはとんでもない勘違いではないでしょうか。

こんな時代錯誤に陥っているから、腹立たしく、かつ寂しい思いをしているのです。あいさつは目下から目上へ、ではありません。

あいさつは気が付いた人から先にするべきものです。

これを私は「あいさつ先取り主義」と呼んでいます。

これだと、あいつは自分より上か下かなどというややこしい詮索から解放されることでしょう。マナーはシンプルなほうが良いのです。


場面は変わりますが、コンビニなどで店員から「ありがとうございます！」と声をかけられても、無表情、無反応な客が多いのはなぜなのでしょうか。

ここにも上下関係の力学が働いていると見ますが、どうでしょう？

5. 距離感を磨く

「あなたは距離感がいいね！」といった場合、まずゴルフの話題です。

100ヤード先のグリーンを狙ってショットする。
青空に舞い上がる白球、幸いボールがピンのそばにぴたりと止まる。
そのようなときの褒め言葉が「距離感がいいね」です。
ゴルフは球をどんなに遠くに飛ばす能力があっても、
距離感が悪ければスコアーはまとまりません。

ところで人間関係のマナーにも距離感が存在します。
ことわざにいわく「親しき仲にも礼儀あり」。私はこれは人と人との
距離感を指しているのではないかと思っています。
人と人とはあまりに接近し過ぎるとベタベタしてしまいます。
かといってあまり離れすぎてもその関係は冷たくなってしまうでしょう。
人間における良い距離感とは「つかず離れず」の間柄です。

たとえば母と子の関係を見るとわかりやすい。母が子を愛するあまりに近寄り
過ぎ甘やかせ過ぎると、子供の自立する機会を奪ってしまいます。かといって
あまりに子供を構わなさすぎると、温かい感情を育むことはできません。

6．笑おう！

ドイツのことわざに「三回薬を飲むよりも一回笑う方が良い」があります。日本には「笑う門には福来る」があります。

英語の「笑う」に相当する語には、laugh と smile の二つがあります。

ラフは本当におかしくてオモシロいときの笑い。

スマイルは必ずしも面白くおかしくなくても微笑むこと。

生き方、働き方のマナーとしては、このスマイルを絶やさないことが大事なのです。世の中楽しくて面白いことばかりではない。

シンドイこともたくさんある。

いつの間にか顔も暗くなることだってあるだろう。

そのようなとき私は、洗面所などで自分の顔をチェックすることをお勧めしている。苦しくツラそうな顔を、あえてスマイルに戻すためです。

最近の研究では、形だけでも笑顔を作ることによって、本当に笑うことと同様の医学的効果が出てくるそうですよ。

免疫機能が高まる、がん細胞が破壊される、うつや認知症にも効く、等々、いいことづくしです。

それどころかダイエット効果も報告されています。

軽い腹筋運動の消費カロリーは8キロカロリーであるのに比べ、笑うと11キロカロリーも消費するそうです。

7. 時流と風流

仕事をする人にとっては時流とは無関係でいられません。

時流を感ぜずに仕事を進めることはできないのです。

第一、時流から外れれば顧客はあなたにお金を払ってはくれないでしょう。

でもリーダー社員として時流だけを把握していればいいのか？というと私にはそうは思えないのです。時流を追い続けるだけの人生では体も神経もすり減ってしまうことでしょう。

一方、自然に親しみ芸術に心を震わせるような風流の世界は、損得とは全く無縁です。

仕事人には時流と風流の二つが不可欠、というのが私の持論です。

あるスーパーのD店長と面談していた時のことです。

「このごろ、なんかやる気が起きないのですよ」とつぶやきます。

売り上げ目標を達成しようとしまいと、どうでもよくなってしまった。

かつて店長になりたての頃のような初々しい感情は今はどこへやら、という感じです。

私はDさんの疲れは、風流に遊んでいないからだ！と直感しました。

いつも効率を追い、損した得したの世界に身を置いていると消耗してしまうのは当たり前です。

「Dさん、こんどの休みに梅を見に行かない？

ちょうど咲き始めた、というから」

Dさんの梅園でのくつろぎようは傍目にも伝ってきました。

彼が再び元気を回復して店長業務に戻ったのは言うまでもありません。

時流を追う人ほど風流に遊べ、と言いたいのです。

8．我以外皆我師

ワレイガイミナワガシ。

これからのマナーは、「我以外皆我師」というキーワード抜きに考えることはできません。この語、国民的大作家吉川英治の座右の銘として有名です。大体の意味はなんとなく浮かんでくることでしょう。

そう「自分以外はみんな先生と思え」ということなのです。

もしまわりがみんな先生なら、立場を超えていろんな人から学ぶことができます。目上の人からばかりではない。自分より立場の弱い人からも学ぶことができます。謙虚になれば、誰からだって学ぶことができます。

水は低い方へ低い方へと流れていくように、必要な情報も頭の低い人へとさらさらと流れていくことでしょう。


能の世阿弥がその昔「風姿花伝」で鋭く論じています。芸を磨くには自分より芸の下手な人から学べ、と。人のふり見てわがふり直せ、ですね。

マナーだって全く同じことが言えます。

人の素敵な点は素直に真似たらよいが、人のヘンな言葉遣いは、自分ならやめておこうとすれば良いのです。反面教師ともいいます。

さらに直接かつ具体的に自分に注意してくれる人はありがたいものです。と思うべきである。ある日講演会の仕事が終わってから、

「松﨑さん、講演は大変興味深く聞きましたが、語尾が不鮮明でときにわかりにくいところがありました」

と指摘を受けました。以後意識して語尾をクリアに発音するよう心掛けたものです。我以外皆我師。その気になりさえすれば、教えてくれる人はまわりにたくさんいるものなのです。

第八章　人を動かす言葉を磨け！

1．プラスメッセージを発信する

相手のためになる情報のことをプラスメッセージといいます。

それはその人への励ましであったり、希望を与える言葉であったり、あるときには耳に痛い注意であったりします。

あのリーダーに会うと元気が出てくる、などという場合、プラスメッセージをあなたが受信したに違いないのです。


プラスメッセージを発信するには、まず相手のことを思いやる姿勢が第一ですね。私ならまずその人のために「可能性を見つける」ことをします。

たとえばなにもかもうまくいかなくて意気消沈している人がいたとします。

「こうしたらどう？」「あっちの道もいいかもしれないよ」「あなたのこういう長所を伸ばすといいね」などというメッセージはときにその人にとって、運命を決する情報であったりするのです。

また誠意あるプラスメッセージのためには「言いにくいことも言える」関係が前提です。言いやすいことばかりを伝えても、それは表面的な付き合いに終わってしまうことでしょう。

大切なメッセージは言いにくいことの中に多く含まれているものです。

たとえ相手がそのときには納得しなかったとしても、後に真に自分にとってためになるメッセージとわかれば、かえってその人との関係は深く長く続きます。

2．言霊《ことだま》の力

日本には古来より、言葉には霊力が宿るとされてきました。

万葉集には言霊に触れた和歌がいくつもあります。

私たちも日常の生活の中で、言霊のパワーを使わない手はありません。

たとえば会社の経営理念。単なるお題目にしているところも多いですが、経営理念を言霊として経営の根幹に据えている会社も確かにあります。東京都昭島市にエコスというスーパーの本部がありますが、会社理念は「正しい商売」。創業者は当社が一部上場企業に育つまで、変わらずこの言葉で社内外をまとめてきました。

顧客と、株主と、社員と共に「正しい商売」とは何か？

と問い続けながら商売を続けてきました。

実は創業者の平富郎氏とは30年来のお付き合いなのです。

「正しい商売」という言霊が、あらゆる局面でモノを言ってきた姿を、私自身も証言できます。


あなたがすぐにできる言霊活用法がありますよ。

あなたが大切にしたい言葉を掲げれば良いのです。

私は「観自在《かんじざい》」という言葉を大事にしようと思っています。

観自在とは、とらわれることなくみつめること。

自由自在にモノゴトにこだわりなく、仕事にも人生にも接していきたいとの思いから選んだ言葉なのです。

言霊のパワーを途切れさせないために、財布についている透明の定期入れに大書して入れています。

たとえばコンビニでお金を払うたびに「観自在」という言霊が私の目に飛び込んできます。その都度言葉が心に刻み込まれる、というわけです。

3．くり返す

大事なことは、くり返し相手に伝えることを忘れてはなりません。

一度言ったからといっても、必ずしもそれは相手に伝わるとは限らないのです。

それはまるで車のウィンカーのようです。右折するとき左折するとき、ライトは点滅しますよね。点滅とはＯＮとＯＦＦのくり返しです。

そのようにしてようやく対向車はこちらが曲がることを理解してくれるのです。

言葉もまったくこれと同じ原理ではないでしょうか。

繰り返すことによって言葉は相手の心に刻まれる。


私は密教系の寺院に帰依しているので、毎朝毎晩お経を唱えています。

お寺で数千人の人々と一緒でも一緒に同じお経を唱える。

お経ほど人々によって繰り返されているものはないでしょう。

（もういいではないか、内容は十分にわかっているのだから）というわけにはいかない。初心者もベテランも同じように繰り返すのです。

ところで私が自分自身に向かって繰り返し、つぶやいている言葉があります。
「俺は成功する運命にある。だからすべての努力は楽しい。
だからすべての出会いにありがとう！」というもの。自己暗示ですね。
ふと不安になったときなど心の中でつぶやきます。
くり返し自分に言い聞かせることによって、また勇気とエネルギーが
湧いてきます。くり返しのパワーは相当なものなのです。

4．課題を見つける

「私たちの課題はこれなんだよ！」と明言できる人には
リーダーになる資格があります。
課題とは将来に向かうテーマです。チームや仲間たちに課題を提示できると、
人々の心はグンと引き締まります。
逆に課題を見失ってしまった集団では、人々は緩み切った時間を
すごさなくてはならなくなってしまいます。
なでしこジャパン。２０１５年のワールドカップでは、アメリカに大敗して

準優勝に終わりました。私が感銘を受けたのは、試合後選手の誰もが悔しさ以上に、次に向けての課題を語っていたことです

「フィジカル（体力）で劣る分をどう技術で補うか」

「相手のすさまじいプレッシャーの中でどう正確なパスをつなぐか」

「日常つねにこだわりながら練習していかねば……」などなど。

優れたリーダーは、課題設定能力がある人と言うことができます。

課題はあるかないか、ではありません。

課題は自ら探してくるもの、発見するものなのです。

たとえば日本の財政的な課題は雪だるま式に巨大化した債務です。

それはギリシャの比ではありません。

一たび日本の経済の成長戦略に狂いが生じたら、ギリシア以上の深刻さに陥ることは間違いがないのです。

その割に、国民一人一人の課題として浮き彫りにされていないように見えるのは私だけなのでしょうか？

5．言葉の貯蔵庫

人を動かす言葉が欲しい……といっても放っておいて言葉は自然に出てくるものではありません。ノートでもいい、なにかのメモでも良い。言葉は意識的に貯めるべきものなのです。言葉の貯蔵庫があるからこそ、いざという時に、その場にふさわしい言葉を引っ張り出して使うことが出来るのです。

私の例で説明してみますね。「57秒の元気術」という名のメルマガを始めてもう10年になります。〈ヤナことあったら水曜日に水に流して〉というサブタイトルの通り、毎週水曜日にお送りしています。ごく短い文章で、今まで出会った人や講演会などで名刺交換した人など約1、500人に発信しています。

ちょっとした元気のコツやら、こういう風に考えたらもっとラクになるんじゃない？という内容です。

よく10年間もネタが続きますねえ、とよく人に聞かれます。

実はネタ切れにならないように、やっていることがあるのです。毎朝、昨日の出来事を単語（キーワード）にして貯めているのです。Eさんのつぶやいたあの言葉が良かったとか、本で見つけたこの言葉を使おうとか……。水曜日の朝がやってくると、コンピュータの前で言葉の貯蔵庫の扉を開き（さて今回はどの言葉を使ってみようかな）とつぶやきます。

ぜひあなたも、あなたらしい言葉の貯蔵庫をつくってみてはいかがでしょう？

（私の場合にはコンピュータ内に言葉の貯蔵庫専用のファイルを作っています。）

6．スピーチを練習する

テレビなどでスポーツ選手の優勝者などがインタビューを受ける場面。もうちょっと気の利いたことを語って欲しいなあ！と感じてしまうときがあります。いつも「もっと頑張ります」とか「応援よろしくお願いします」では物足りない。

人の心に届くもっとパンチのある言葉を用意して欲しいもの。

大衆に影響力のある有名人にはそれだけの責任があるはずです。

私は有名人ではないが、それでもイベントなどでスピーチを頼まれることがあります。スピーチはある意味、講演よりやっかいな面があります。限られた時間の中で、明快なメッセージを伝えなえればならないからです。

私のコンサルタント仲間でとても講演上手な人がいました。立て板に水を流すとは彼のことを指しているようで、スムーズに言葉が流れるのに私も感心していたものです。

ところがある日、結婚式のスピーチを依頼され「アガリにアガッてしまったよ」と言っていました。そういうものなのです。

だからスピーチは練習するものなのです。10分でも良い、少しでも練習しておくだけで、いきなり本番とは全然違ってきます。

スピーチの練習は、私は自分の部屋の鏡の前でしています。

笑顔でハッキリ発言ができているかどうか。内容はこれで良いか？もっとシンプルに伝えるには、などをチェックするのです
私の場合は、特にナーバスになると早口になる癖があるので、特に意識してゆっくり語りかける練習をします。

7．理念を忘れない

理念とは大きな思想であり哲学です。

そして理念からこそ日々の具体的な行動が導き出されるのです。

人を動かす言葉を考えるとき、理念に立ち戻ってみるのが基本です。

先述したスーパーのエコスの理念は「正しい商売」。

日々生じる様々な問題を処するとき、この正しい商売という理念からすると今何をすべきか……と考え、言葉を発信していくのです。

たとえば顧客から厳しいクレームがあったとします。

従業員の接客態度がお客様を怒らせてしまった。

さて我々としては「正しい商売」を続けていくために、具体的にどうしたら良いのか……。理念に立ち戻れば大きな間違いはありません。

リーダーとしてのあなたの説得力も倍加するのです。


理念とは程遠い醜態をさらした例もあります。

「お客様に喜んでいただき、社員に喜んでもらい、結果として会社が繁栄する」

これは有名な会社の理念ですが、さてどこの会社のものでしょうか？

答えは大塚家具。以前、創業者の父親と娘が株主総会で争って世間を騒がしました。はたして娘と父親が公の場で争うことは理念に沿った行いのか、疑問が残ります。

親子喧嘩はお客様も社員も喜ぶことではないし、ましてや会社の繁栄どころか衰退をもたらすものではないでしょうか。

8．ビジネスポエムを活用する

様々な試行錯誤の末、私は研修の場において詩（ポエム）を活用するようになりました。といっても難解な文学的なものではありません。

ちょっとしたモノの考え方や仕事のヒントをごく短い文章にしたもの。シンプルにストレートに人の心に届く表現の形を追求した結果です。

たとえば目標の大切さについては誰も否定しないでしょう。

その説明をするのに私は詩を使うのです。次のようにして……。

ウサギと亀

誰でも知っている
うさぎと亀との競争のお話し
♪もしもし亀よ亀さんよ
世界のうちでお前ほど
歩みののろいものはない♪
と
うさぎは亀をあざわらう
でも勝ったのは亀だった
まじめな亀の
生き方を学べというわけだ

でもね　ほんとは
こういうことなんだ
《ウサギと亀は見ていたものが違った》
すばやいウサギは亀を
見ていただけだけど

のろまな亀は
じーっと目標を見つめていたのだ

私は詩によって情景が鮮やかに人々の心に映り、心から納得し行動にもつながることを知りました。仕事の現場で使っているので、これをあえて「ビジネスポエム」と名付けたのです。

詩は読んで終わり、とするものではありません。

詩は読むというより「詠む」です。繰り返し味わうものです。

私はこれまで1、000編ほどの詩を作ってきましたが、正直に告白しなければならないことがあります。

詩は容易に自己満足に陥りがちなのです。自分だけが分かっていて相手には分かってもらえない……そういう寂しさ、虚しさといつも隣りあわせ。

私はそこでマスメディアへの応募を始めたのです。

産経新聞の「朝の詩」欄には、

自分の作品をプロの詩人に送り、審査を経てこれまで十数回紙面に掲載してもらいました。私なりのささやかながらの自己満足対策なのです。

第九章

私はこう輝く
～現役リーダーのリアルタイムリポート～

ここではリーダーたちの生の声に耳を傾けていただきます。

筆者の顧問会社などの8社のトップに、それぞれ1名のリーダー社員を選んでもらいました。そこで筆者は彼らを密着取材、その輝いているワケをリポートしました。

一人目：木村《きむら》　翔悟《しょうご》さん

開発営業本部マネジャー、33歳
株式会社生活の木、ハーブ・アロマテラピービジネス、従業員数約750人

渋谷、原宿の超モダンなビル。

5階の入り口に足を踏み込むと、いきなり心地よいアロマの香りが身を包む。癒しと健康を扱う最先端のビジネス。

きざでとっつきにくい人を想像していたのですが、木村さんはとても親しみやすいリーダーでした。

長〜いお付き合いをめざして

当社「生活の木」の商品はハーブでありアロマテラピーです。

一回当たりの消費量はそんなに多いものではない。

顧客に毎日使っていただいて初めて大きな仕事として育つもの。

そこで、どのようにして継続して使ってもらうか、長いお付き合いのモデルを考え企画するようにしている、と言います。

「自分の所だけが得をするという考え方では絶対に通りません。

相手先企業に十分満足頂き、そのお客様が喜び、
結果として私たちの会社も何かしらの利益をいただく。

そのための提案を徹底的に考え抜きます」。

最近の例としてアフタヌーンティー・リビングがあります。

筆者もここの上野店は、ときどき紅茶やコーヒーを飲みながらの打ち合わせに使っています。木村さんはこの会社に6か月かけて営業して成功、今でも順調に実績は伸びています。

アフタヌーンティーは日本国内に100店舗ほどあって、ティールームでは、精油など様々なグッズも店頭販売されています。

ここで「紅茶を楽しむように、香りを愉しむ」をテーマにして、100%天然のオリジナルのエッセンシャルオイルが、十数種類共同開発されました。「決め手は売り上げ予測を提示したことでしたね。実は私たちの前にすでに他社が入っていたのです。先方はどうしても仕入れ先を変えることには消極的なもの。

そこで三年間の売り上げ計画を提示、現在、計画以上で推移しています」

夢を肴に酒を飲め

木村さんは酒好きで、部下や仲間、ときには上司や社長とも飲みます。

それだけではない。新しい居酒屋を開発すると称して主に出張先で一人で居酒屋に入る時もある。「その土地の情報が入る」というが、私に言わせると、酒飲みは、飲むことにかけてはどんな理由でもこじつけることができます(笑)。筆者も酒好きであるばかりか「夢を肴に酒を飲め」というポスターまで作って、親しい居酒屋に配ったりもしたものです。

木村さんの酒もそんな楽しい酒のようですね。

ところで、彼はどんなに深夜に帰宅しても朝5時半には起きます。

「ウィークデーは家族の朝食を作ることにしています」。

家にはゼロ歳と三歳の子供がいて家族全員の朝食づくりは彼の役割なのだとか。その代わりウィークデーは何をしようと何時に帰ろうとかまわない。そしてウィークエンドは家族サービスに徹する。

いつも二人の子育てに忙しい妻に心から感謝していて、自然と体が動いて今のようなスタイルに落ち着いたように見えます。

奥さんとの日頃のナイスコミュニケーションがうかがえるお話でした。

いい仕事はいい家庭が支える。良きリーダーの陰に良き妻あり!……ですね。

まるで、社長のような視点だ！

生活の木はこの分野では業界NO・1です。

現在83億円の売り上げだが、中期計画としてなんとか100億を達成したい！と木村さんは語ります。生活の木は洋食器の販売から始まりました。社内にもその時代からのベテラン社員がいます。

会社を変えていくのは僕たち若手だ！と新しい市場に進出していった。木村さんは、入社10年以来、これまでにはなかった新しい顧客をどんどん開発していったのです。たとえば……スーパーの成城石井、フルーツパーラーの京橋千疋屋、カタログ通販のアスクル、化粧品大手のPOLA、総合病院の済生会病院、ハウス食品（アロマグミ）等々。ハーブとアロマを通じて様々な異業種へアプローチして、新しいチャネルを切り拓いてきました。

すぐれたリーダーには革新能力が備わっているのですね。

「業界NO・1といっても天狗になってはいけない、と思うのです。殿様商売をしたら絶対にダメ。頭を低く、つねに謙虚に仕事をしたいと思います」。

木村さんと話しているうちに（この人は社長ではないか）と錯覚するほどの意識の高さ、深さです。私が思わず「あなたは幸せですねえ」とこぼした瞬間があります。彼はこう発言したのだ。

「社内で一番信頼できる人は社長なんです」。

どうして？と聞くと

「ウソをつかないから、そして裏表がないから」という答え。

うわあ、すごい！そんなことを素直にストレートに言えるなんて。

でも考えてみると一番幸せなのは、社長その人なのかも知れないですね。

二人目：児玉《こだま》 円《まどか》さん

事業部長、39歳
株式会社ダイチ・コーポレーション、不動産・飲食業・小売業・音楽・映像ソフトレンタル業、従業員数約３５０人

ダイチ・コーポレーションは様々なビジネスを手掛けています。
児玉さんはその内、コンビニ、セブンイレブンの店長を長年務めてきました。
10年以上移動はなく、2015年いきなり新規事業部長に就任、
部下はアルバイトを含め50人前後といいます。

湧き上がる成長欲

いきなり聞いてみました。「今困っていることは?」
すると「バカ過ぎることです」という返事が返ったのです。
自分の知識や経験が全く足りないことに腹が立つ、といいます。
「無知ってやだなあ」とも。
外部の研修会に積極的に参加するのも自分を成長させたいからです。
私は児玉さんと接して、この人は心の奥底から成長ホルモンが
沸々と湧いてくる人なんだなあ、と強く感じました。
セブンイレブンの店長時代は大活躍しました。
おでん部門の売り上げで全国のセブンイレブン中、
一位になったこともあります。ガンバルだけガンバって、

ふと後ろを見たとき後継者を育てていなかった、ひょっとして俺が部下のチャンスを奪っていたのも知れぬ、そのようなとき会社辞めようかな、という思いが一瞬頭をよぎりました。

「やるだけやって、自分で設定した目標を達成したとき、ふと（もうこれ以上はいい）と思ってしまった…という自分を許せなかったのも事実です」。極めて自分に厳しい発言です。

社長に相談して今の事業部長というポジションがあるのです。

今が一番面白い

「脇役を光らせろ！」の社長の言葉に、児玉さんの目玉も光りました。

脇役とはフライドポテトのこと。

事業部長として担当する部門にカラオケのお店があります。

提供するメニューの一つがフライドポテトなのです、単に冷凍を調理したものでいいのか。もっとうまいものはできないのか。

そうだ！いっそ生のジャガイモから作るのがベストと考えました。

いろいろと研究するとドイツのビンチェ種というのが最高らしい。

しかし今の日本では栽培が極めて難しい。さてどうするか？

ところで児玉さんは付き合いが広い。人のネットワークを日々広げています。その縁によって北海道の農家を紹介してもらいました。ついに「北海黄金」という品種を仕入れることが可能になったのです。2015年の2月から生イモからのフライドポテトを、店内で提供することができてお客さんに喜んでいただいています。「いろいろの人たちとのご縁で、お互いが良かったね！となるのが最高ですね！」あるときは養豚屋、あるときはおいしい野菜を求めて農家へ、またあるときは九十九里の漁港へとマルチの行動ぶり。今が一番面白い！と駆け回っているのです。

どうする？おじさんに徹する

数値はうそをつきません。自らに自信をつけるのも、また部下に自信をつけさせるのも、実際に売り上げや利益を上げてみせるのが一番です。たとえば彼の担当するレンタル業TSUTAYAでのこと。人気のないDVDやCDを無計画に仕入れて、利益を圧迫することがしばしばありました。「どうしてこんな無駄をするんだ！」と怒ることは簡単。でもそれをやってしまうと、相手が自分で考えることを放棄してしまいます。

そこで「なんで無駄が多いんだろうね」とか、「じゃ、どうする?・」と問いかける。最後の決断は相手に任せるようにするのです。

今では「部長は『どうする?おじさん』ですね」と言われているそう。児玉さんからすると、このあだ名まんざらでもないようです。彼独自の人材育成法なのですから。

凡事徹底

児玉さんの好きなことばは「凡事徹底」。当たり前のこと、小さなことをやり続ける。途中でやめない。あきらめない。

たとえば彼は朝の7時30分からオフィスのトイレを掃除しています。毎朝、毎朝例外なくやる。当たり前のことを継続することの凄さ、素晴らしさ。

凡事徹底が児玉さんのフットワークの良さを支えています。

でも、児玉さんは少し家庭を犠牲にしているようです。

そのことは自分でも認識しています。最近とった休みは?と聞くと「さて、いつだったかなあ」と思い出すことができなかったのです。

夜も遅い。なんと夜中に帰宅しても、それから家のトイレと風呂場を丹念に掃除する、といいます。だいたいトイレに10分、風呂場に

10分かけてきれいにします。本人に言わせると、毎日やれば大変ではないと涼しい顔だが、彼なりの家庭サービスのつもりなのかも知れませんね。

怒らない！

「あなたの生活信条は何ですか？」
「そうですね、けっして怒らない、ということですかね」
実際、児玉さんの表情にはいつも笑顔があります。
作った笑顔ではない。人の心を和ませるような笑顔が自然に出る人です。
疲れたりストレスが貯まったらすべて寝て忘れる、というくらい
健康な人。だがその信条の「怒らない」についてはもっと深く重いところ
に根差しています。かつてセブンイレブンの店長時代に、
部下の自殺という衝撃が彼を襲いました。
なぜその人の気持ちを汲んでやれなかったのか？
なぜもっと彼に寄り添ってやることができなかったのか？
それまでの彼は、かなり強引に人を引っ張ってもきた。
「怒らない！」の背景に全ては自分のせい、という思想があります。

「相手の不手際でイライラすることはありませんか？」

「でも、そうさせているのは俺なんですね」

全ては自分に帰一する。生活信条「怒らない」は、これからも児玉さんの生き方、働き方を支え続けることでしょう。

三人目：江村《えむら》　健《たけし》さん

外食開発室係長、44歳
日東ベスト株式会社、冷凍食品・日配食品・缶詰等の製造販売、従業員数約1、100人

日東ベストの本社は山形県の寒河江市ですが、私が訪問したのは営業拠点の一つ千葉県船橋市習志野。当社のトップより、外食開発室の江村さんを人間力あるリーダーとして紹介されました。彼は主に、チェーン化された飲食業に自社製品の営業をしています。

フットワークが軽い！

営業は天職、という江村さんはいろいろな人と触れ合うのが大好きです。仕事だけではない。様々な人との交流が苦にならない。いやむしろ楽しくてしかたがないのです。

学校のPTA会長も、子供たちと触れ合うことができればと引き受けました。校門に立ってのお迎え、見送り、教室で本の読みきかせ、などもやりました。ある先生が結婚するという話を聞けば、先生のために教室の授業風景のビデオも制作しました。結婚式で披露するためです。夜は近所の奥さん方数人と一時間ほどのウォーキングもやっている。人への苦手意識がない。「人の悪い所より、良いところを見つけるようにしています」。

人間関係が閉塞しているかのように見える日本で、江村さんの人と交流する窓口は広く大きい。

自由自在に人と触れ合うことができるのです。


「自分は誰よりも自社工場のことを良く知っているかもしれません」。

日東ベストは本体だけでも、山形県に8工場、関東に2工場あります。

それぞれの工場で作っているものが異なります。

江村さんは得意のフットワークで、身軽に気軽に工場に入るようにしている、といいます。今どういう食材が使えるのか？……つねに念頭に置いて営業戦線に赴くためなのです。

人脈は積み重ねるものである

江村さんは顧客に信用されるために二つのことを守っています。

一つは「自分の会社の押し売りはしない」。

たとえばお客さんから、こういう商品を探しているのだがキミのところにないだろうか、と問い合わせを受けたとします。

必ずしも当商品が自社の得意でない場合、「この商品でしたら他社さんの方が良いと思います」と正直に伝えます。

嘘をつかない正直さの積み重ねが、結果として顧客に信用され、人脈が形成されていくのですね。

もう一つは「あいまいな返事はしない」。

やります！と相手に応えたならば、あくまでも最後までやりきる。

逆にできないことは、はっきりと「できない」と伝えます。

場合によっては「ここまででしたらできます」と明言するのです。


ところで、フットワークの極めて軽い江村さんが定期的にやっていることがあります。

これはちょっと、他の人にはまねのできないようなことかも。

用もないのに顧客の会社を訪問する……のです。先日も大手商社のK社に行ってきました。誰と約束しているわけではありません。ただ商談室の前の廊下に立ちます。するとK社の顔見知りの担当者に会うことがある、というのです。

自然体の会話。構えのない立ち話でヒョイと相手の本音や困っていることを聞くことができる……というのですから驚きです。

自由自在の人間関係術もここまできたら達人の域ですね。

転機

江村さんにとって仕事の一大転機になったことがあります。

あるとき、大きな会社に営業をかけていました。

そのニーズに応えるために、あらゆることをしました。

土日の出勤は当たり前。夜中に電話が入っていろいろな要求を受けることもしょっちゅうだった、といいます。

顧客は老舗のレストランで、手作りを会社の方針としていました。

ところが日東ベストは本来加工食品の会社。

「サンプルをすぐ持って来い！」と言われても、工場のライン上そうはいかないときもあるわけです。そのやりとりを真夜中にするのだから大変なことだったでしょう。「これ以上キツイことはなかった」というのだから、相当な難行苦行だったはずです。だが今では、このM社は現在ではトンカツを月に10万食をも発注いただくお得意様に育ちました。

江村さんが自分の仕事に大きな自信を抱く転機ともなった体験なのです。

ちなみに夜中に仕事のやりとりをしている期間中は、妻、子供を実家に住まわせていたというのだから、覚悟の上の「臨戦態勢」を敷いていたのです。

四人目：山中《やまなか》 孝二郎《こうじろう》さん

整備課課長、40歳

株式会社ジュピターコーポレーション、宇宙・航空・車両・船舶機関連のメーカー商社、従業員数約200名

山中さんは小さい頃から機械いじりが大好きでした。

壊れているものを手に取り、悪いところを特定して直す。

彼の勤務するのは整備課。だから好きなことを仕事にしている幸せな人なのです。航空機の関連で一例を挙げれば、「地上支援機材」と呼ばれているものがあります。地上に待機する航空機に冷風を送るエアコン車などがそう。

その整備点検が山中さんの仕事なのです。

会社とは「つながり」である

山中さんの会社についての考え方は明快。
「会社は人と人とのつながりによって成り立っているものだと思います」。
会社があってその下に人が貼りついているわけではない、といいます。
人が互いにつながってはじめてそこに仕事が発生する、とする。
だから山中さんは、自分の所属する部門にこだわらず
仲の良い人を他部門にもたくさん持つようにしています。

部門を超えてゴルフや飲み会には参加するようにしているのですね。「つながり」を大切にしたいからに他ならないからです。

所属する整備課内でも、よく人と人との調整役を買って出ます。「あの人と組むのはイヤ」とかいう小さな衝突はいくつもあるもの。そこで「つながり屋」山中さんの登場です。

まずは相手の話をよく聞く。お互いの主張をとことん聞く。その上で「いろいろな意見ってあるよね」と折り合いをつけていくのです。折り合いをつけるコツは？と聞くと、

「ここらへんでどう？という落としどころを勝手に想定しておくのです」。

当社の会社のトップによると、整備課内のコミュニケーションが一番良い、といいます。山中さんの面目躍如たるところでしょうね。

もう一つ山中さんが留意していることがあります。

整備という仕事の人員割り（誰が何を担当するかを決めること）をトップダウンにしない。みんなで決める。現場の意見を聞きつつ決めていく。そうすることによって、納得性も高まり、チームワークが固まっていくのです。

くだらない話が大事

整備課はその役割上、技術部門、営業部門などとぶつかりがちです。たとえば顧客のニーズをなるべく汲み上げたいとする営業と、整備する側の事情とは異なることも多々あります。さて山中さんはどうするか？

「ふだんから会社でくだらない話をすることですね」と涼しい顔。くだらない話って、たとえばどんなこと？と聞いてみました。

「つい先日も、営業部長と庭の話をしていたんですよ。自宅の庭にみかんの木を庭に植えようかなあ、って。すると部長の方から、それなら添え木をするといいと思うよ、などとわざわざアドバイスをもらいました」と笑う。

ふだんからくだらない話ができているからこそ、まじめな仕事の話で着地点を見出しやすいというのです。

ところでどこの会社にもいますが、クライ人、孤立しがちな人、一見オレに話しかけないでくれというオーラが立ち上って人に対して、どう対応するのでしょうか？

山中さんは、暗めのタイプにも話しかけることが大事、と言います。

そのような人でも、話したくないわけではないはず。

何とか会話をしているうちに、相手がニコリとすることもある。

人と人との「つながり」の芽が顔を出した瞬間なのです。

ウックツを残さない

山中さんは入社17年目です。入社数年たったころのある日、上司と大ゲンカしました。

今思うとこれをきっかけに、仕事に本気で取り組む転機となりました。

それまでの彼は仕事の全体像が見えなかった、といいます。

一部しか任されていないため、責任を持って仕事をしているという感覚がなかった。だからやりがいも感じていませんでした。

修理から納入まで一貫して任せて欲しい！と、上司と激しいやりとりをしたのです。そして結局、山中さんが望んだようにしてもらいました。

ここからなのです、山中さんがより進んで仕事をこなすようになったのは。

気持ちの良い仕事のためには、自分の思いをぶつける。

つまりウックツを残さないことが大切なのですね。

あともう二つ、彼が積極的にやっていることがあります。

一つは飲ミニケーションです。部下が約20人いますが、なるべく多くの人に集まってもらうには、車通勤者が多いので一週間前から日程を調整する。

酒場から自転車で帰ったり、家の奥さんに送ってもらったりの手配が必要だから。

もう一つは、趣味でやっているバンド。

仲間とグループを結成して練習し、時には人前で演奏したりもします。

バンド名はなんと「関所破り」。山中さんの担当はドラムだという。

思い切りドラムをたたいてウックツを吹っ飛ばす姿が見えるようです。

五人目：梶《かじ》　智子《ともこ》さん

人事部次長、30歳
グリーンスタンプ株式会社、ポイントカードシステムの運営と普及、
従業員数約３００人

行動する人事部

梶さんは次長として、9人いる人事部を牽引しています。

彼女自身は主に、採用、評価、および教育についての仕事をこなしています。

たとえば仕事のうちの一つ「評価」はとてもデリケートな分野。

同じ人物に対しても、部長の評価、支店長の評価は大きく異なることがあるからです。「どうしてあの人が80点も取るの⁉」という温情主義も拭えません。

どうしたら客観的な評価制度と、それに連動する賃金体系が作れるのか……。

梶さんは人事セミナー等に参加して、猛勉強中といいます。

いつもどうしても解決したい問題を抱えているので、
セミナー中もただ熱心に聞くだけではなく、よく質問もします。

ある日、地方で採用した若い社員が「やめたい」と言い出しました。
人事部として電話でやりとりをしたり、直接会って話を聞いているうちに
「もう少しガンバってみます」と本人が気持ちを切り替えてくれました。
人事部に勤めていることに喜びを感じる一瞬です。
梶さんはまた、地方のお得様のところへよく出かけます。
当社のお得様は、全国のスーパーマーケット、ドラッグストア、

ホームセンターなど2万数千店に及びます。

先日もローカルのスーパーに行って、レポートを作成しました。

そこの社長に消費者の声などを報告したのです。彼女は人事部なのに本社に留まってはいません。「行動する人事部」なのです。

「ちょっとよろしいですか？」

梶さん、今は何を困っているの？と聞いてみました。

「そうですね、人にどう動いてもらうか、ということでしょうか」。

社内ではほとんどの場合いつも自分が年下。

年下が年上の人に動いてもらう大変さは良くわかりますね。

そして社内では気軽に会話できる社員もいれば、なかなかガードが固くてそうはいかない社員がいるのも事実。

「お得様との方がざっくばらんに話せるでしょうか」とも。

それでも梶さんには彼女らしい振る舞いがあります。

人に何かを伝える時、人に何かの行動を起こしてもらいたいとき「ちょっとよろしいですか？」と笑顔で近づきます。

相手も彼女が「ちょっとよろしいですか」と大接近したときには

（お、また来たな！）と向き直ってくれることでしょう。

ときにはチョコレートを渡したりもします。

ちょっとよろしいですか、は彼女なりのコミュニケーションの突破口づくりなのです。会いに行った相手が不在であれば、「メモか手紙などをデスクに置きます」。ご用があってあなたのところに参りました、という証しを残しておく、というのです。コミュニケーションにかける意気込みを感じますね。

かわいく、したたかに

自分の性格は、楽観的で行動的といいます。

そして私も「なるほど！」と思わず手を打ってうなづいた点ですが、「かわいく、したたかに」仕事を進めていきたいというのです。

そうなのです、女性に限らず日本のビジネスパーソンには
この「したたかさ」が欠如しているのではないでしょうか。

いろいろな定義があるでしょうが、私はしたたかさを
「目標に向かうエネルギー」と考えています。

目標を達成するにはこのしたたかさが絶対に必要なのです。

自分の信じるところを貫くための戦略を立て工夫を重ねる。

たとえば梶さんの日常を拾ってみると……。

言いにくいことを伝えるには「ちょっと申し上げにくいことなのですが」と予告しておいてから話します。すると相手が前もって心の準備してくれる。だから受け止めてもらいやすいのです。

「ちょっと、よろしいですか？」と笑顔で近づくと先述しましたが、あるときは笑顔を抑えて、神妙な顔つきで接近することもあります。（あれ、いつも笑顔なのにどうしたんだろう？）そこで少し真面目な話を持ち出すのです。


梶さんが目標としている同社の女性部長がいます。

人を良い意味で巻き込む能力がとてもすぐれている上司といいます。

会社方針を理解しよう！から始まって、結局は一人一人が正しいベクトルに向かって歩み始める……。そんなリーダーシップを自分もぜひ学びたいと願っているのです。梶さんは今日も「あかるく、したたかに」より高みをめざして前に進んでいます。

六人目：鈴木《すずき》 亜紀《あき》さん

レストラン店長、26歳
セント・リングスグループ、マルチフランチャイジー、
従業員数約1、100人

繁盛オーラが立っている！

鈴木亜紀さんは、繁盛請負人と呼んでもいい人です。

社長から不振店舗に店長としていくように命ぜられると
わずか数か月で売り上げを回復させます。
それも単なる運とかまぐれとかではかたづけられない。
まるで鈴木さんの背後には「繁盛オーラ」としか言いようのないものが
ゆらめいているようです。

かつてピザ宅配のピザーラ店でのこと。そこは不振店舗でした。
「キミが店長やっても絶対ムリ」と、ある上司から言われたが
「じゃやってやろう！」と新店長として乗り込んだのです。
当の上司にこう言い放ちました。「結果が出たら今の言葉を撤回してくださいね」。
そして半年後、見事売り上げが１１５％、利益はなんと２００％にもなった。
上司に「参った！」と驚きの目で見られました。
嬉しいことに同じその人から「尊敬するよ」とも。
そこで彼女に、ちょっと意地悪い質問をしてみたのです。
「亜紀さん、立地も悪く競争も厳しく、本当にあらゆる条件が
商売に適さない店だったらどうする？」
するとなんとこう応えてくれたのです。

「それでも売上対策は100個は出ると思います。そのすべてをやってから、また考えます」。

鈴木さんの10代はアスリート人生でした。陸上の800メートル。東海地区の記録もつくったこともあります。父親がコーチとなって、徹底的に鍛えられたといいます。彼女の絶対に「あきらめない」というド根性は陸上競技から培われたのです。

人の喜ぶことをする・人の力を集める

さて鈴木さんの繁盛オーラの秘密に迫ってみましょう。

現在（2015年8月時点）は名古屋の「ハングリータイガー」というハンバーグレストランにいます。三か月前に新店長として派遣されました。

まず「人の喜ぶことをする」。お客様にもっと喜んでいただけることはないかを、徹底的に考え抜きます。味はどうか、接客はどうか、料理の提供時間はどうか、クレームへの対応は適切か……。

お客様だけではない。従業員に対してもそうです。

一緒に働く仲間という「人」の喜ぶことも忘れません

鈴木さんは新規に派遣された店長だから、お店には年上のベテランもいます。人間関係の難しさもあります。鈴木さんはむしろ教えてもらう立場を忘れない。教えてもらえば「ありがとうございます！」と素直に頭を下げます、と。

そしてここからが肝心なのが「人の力を集める」こと。お店の労働力の大部分はアルバイトです。彼ら彼女らの力を結集させるのです。そのためまず「誰にも負けないくらい自らが動く」。そうでないと人に何も言えないから。お店の悪い点もどんどん伝えます。アルバイト学生にも、そこまで言うかというくらいどんどん要求します。はじめは意味がわからなくてポカンとした顔をされる。さらに、はじめの１、２か月は露骨に嫌な顔をされることもあるといいます。やめて行ってしまう人も出てくる。それはしかたがない、とも。「３か月くらいたってからですね、成果が出てくるのは」。徐々に人の力が集まり、ベクトルが同じになってくるのです。ある日「店長、私の良くないことを教えてください」と、新人の学生アルバイトが鈴木店長のところへやってきました。

「しめた！」と心の中で叫ぶ。みんなの力が集まりつつある、と実感する瞬間なのです。

ハングリータイガーの如く

「新しいお店に来たら、まずお店の様子を黙って見ています」。そしてやるべきことの優先順位を紙に一つ一つ書き出していく。今赴任しているハングリータイガーの優先順位は？と聞くと一、従業員の気持ち、二、食事の提供時間、三、店のルール、といいます。

赴任当時は、ともかくも従業員のグチの多いお店でした。口を開けば愚痴や文句ばかり。鈴木さんは膝を交えて「そんなマイナスの考えだけで一日を終わったとしたらもったいないじゃん」と、相手の気持ちをプラスに持って行こうと努めています。

ハンバーグなど食事の提供時間は当初、30分以上もかかっていました。それで当たり前という空気があったのです。今は何とか20分弱ほどになったといいます。

そして当初はルール不在の店でした。平気で出勤時間に遅れて来たり、喉が乾いたらなんと店の飲み物に手を出したり……。

「そういうのやめようよ」と皆で守るべきルールを徹底しているところだ、といいます。

鈴木さんは気持ちがくじけそうになったとき、一人部屋で声を上げて泣く。悲しい涙ではない。クッソー、クヤシイ！の涙なのです。泣くだけ泣けばあとはカラリとする。そう、前向きの涙。

鈴木亜紀さんと向かい合っていると、なんだか店名のハングリータイガーそのものに（腹ペコ虎）に見えてきました。

それも、狙った獲物は決して逃さない、つぶらな瞳のカワイイ虎です。

七人目：片山《かたやま》　祥八《しょうはち》さん

総務人事部、総務・法務課係長、43歳
ミヨシ油脂株式会社、食用加工油脂・工業用油脂製造業、従業員数約520名

やって当たり前の世界の中で

片山さんの仕事は実にデリケートな世界です。

総務・法務課。重要な仕事の一つに売買契約書の作成があります。

ミスがないのが当たり前の世界。

もし契約書に不備があれば大変な事態も起こり得るのです。

そこで顧客担当の社員と何度も打ち合わせを重ねながら作成します。

年度末近くになると、一日何件もの契約書を作らなければならないときもあります。案件によっては弁護士とも相談する。

さらにコーポレートガバナンス（企業統治）の観点から上場企業としてきちんと順守しなければならないルールもあるのです。


「なにかあるとここにきますね」と片山さん。

ここに、とは総務部門のことです。総務とは何でもやって当たり前と思われてしまうところでもあります。

たとえば昨年の夏はことさらに暑かった。

こういう時に限って、エアコンが故障、という連絡が入ります。

すぐに業者を手配しても1、2日はかかる、という。

でも現場からは「すぐに直せ！」と矢の催促です。

それでも社内で「ありがとう！」と言われるときが仕事の喜びを

感じる瞬間といいます。他部門のために貢献できたかなあ、と実感する瞬間です。

今、ここに根をおろす

片山さんは「行ったところでガンバル」主義。

現在は総務部門だが、営業や生産もいいな、と思っています。

「絶対に○○でなければイヤ」とか「○○したい」というのはない。

私はその心情を新鮮に受け止めました。実にたくましい生き方ではないでしょうか。世の中は千変万化します。

かたくなに自分の好みだけを押し通すことはできないのです。

彼の柔軟な姿勢は、「自然体」の妙味すら感じます。

片山さんは入社16年ですが、その前の4年間は別の会社にいました。

今でいうブラック企業だったといいます。休みもとれない、

残業代もつかない生活をしてきました。つらい日々だった。

その時に比べると今は「どんなことがあっても苦にはならない」。

今現在がとても恵まれていると感じるのです。

この会社は、誠実で魅力的な社員が多く、社長も社員に対して気楽に声をかけてくれるそうです。

なんとあたたかい会社なんだろう、とも思っています。

片山さんの仕事人生は一見地味です。

華々しいきらめきに乏しいように見えるかも知れません。

だが私は彼の生命力がわかる。そう、たとえるならば、どこにでも根をおろすことのできる雑草のような、どんな嵐にも沈没しない全天候型のボートのような……。

人生の一大事

片山さんはある日、仕事観や人生観を一変させる出来事に遭遇しました。

１９９５年の阪神・淡路大震災です。

当時彼は兵庫県の加古川市に住んでいました。

祖母を亡くした。友人も亡くした。大きな衝撃でした。

震災は片山さんの何を変えましたか？と聞いてみると……。

「仕事でくよくよするのはつまらない」、

「働くことも大事だが人生はもっと大事」……といいます。

片山さんの落ち着きには、そのような深い体験が根にあるのです。

片山さんは普通の人です。ストレス解消法を聞いても、当たり前の答えしか返ってきませんでした。週末は子供と遊ぶこと、と。家には妻と小学5年と2年の子供が彼の帰りを待っています。私は「普通の人々」の強さたくましさを見せつけられた思いでおりました。

八人目：福島《ふくしま》 崇文《たかふみ》さん

人事部課長、採用訓練担当、36歳
株式会社エコス、スーパーマーケットチェーン、
従業員数約5、000人

福島さんは入社して13年目。大学を出てすぐに、現場の青果部門で働き始めました。今の人事部に入る前は、茨城のお店の副店長を

務めていました。それから6年、主な仕事は採用と教育訓練です。
特に後者の仕事に思い入れが強い、といいます。

どうすれば人は変われるのか？

エコスには若手研修があります。新入社員から入社5年までの社員が対象。福島さんの問題意識は次のよう。（人を変えようとしても変わるものではない。自分の企画する研修でどのようにしたら自ら「変わっていこう！」と決意してもらえるのか……）と、いつも考えています。

私はそれは、とても重要かつ根源的な問題意識だと思います。ここで福島さんに私見を申し上げました。私は「気づいた瞬間が変わるときだ」と信じているのです。他人の命令ではない、給料の多寡でもない。まさに自らが「こうしなければ！」と心から気づいたときこそが変わる瞬間なのではないでしょうか。だから教育訓練や研修会とは、変わるきっかけの提供に過ぎないのです。

自分を磨く、そして、だれよりも準備する

若手研修は毎年継続して開催されます。

時おり、担当者として熱いほどの喜びを感じる時があるそうです。

それは研修の内容が相手の心に届いているなあ、と実感した時。

たとえば福島さんが繰り返し参加者に伝えている言葉があります。

「会社の中では自分を評価をするのは自分ではない、他人だ。

どんなに自分が頑張っていると思っていても、周囲の人が認めなければ評価はされない」と。

前回参加した人がこのようなことばを覚えていてくれて、
研修中にもふと漏らすことがあります。正直、嬉しさを感じるときです。

福島さんの好きな言葉があります。「努力がすべて報われるとは限らない。

しかし成功した人はすべからく皆努力している」。

福島さんも努力の人です。研修の前には、必要な準備の三倍はする、
といいます。「俺も学ぶから、みんなも共に学ぼうよ」というわけです。

福島さんは、今の自分は自分を磨くことのできる立場にいる、
と強く認識しているのです。

転機となった「リセット体験」

本部勤めになって3年目くらいのことでしょうか。

体調がちょっとおかしいな、ということが起こりました。

電車の中で息切れがする。だんだん息が苦しくなってくる。

事務所で電話をしているときにも息苦しさを感じました。

一生懸命息をしても、空気が肺にまで届いていないという感じです。

自宅ではこんなに呼吸が浅くなることはなかった。

誰にも相談できなかった。ずっとこのままなのだろうか。

思い切って心療内科に行ってみました。「精神的なものかもしれません」と軽めの薬をくれました。が、症状は改善されなかった、といいます。

いったいどうすればいいのだ？このままどんどん悪くなっていくのだろうか？

仕事でダメになりそうな自分にどうしようもない情けなさを感じました。


そこで覚悟を決めました。

「どうせダメになるなら、いっそのこと全力でやってみよう。それでダメならもう終わりだろう」と思い、目の前のどんな仕事にも自分なりに全力で取り組んでみたのです。「今までの考え方や仕事のやり方など、自分の中の積み上げてきたものを一度崩して（リセットして）、ゼロから一つ一つ組み直す作業をした」のです。

その結果……ある日上司から「最近変わった」「結果に対して貪欲になった」と言われました。気が付いたら呼吸が浅くなる症状はなくなり、体調も落ち着き、様々な仕事を任されるようになりました。

２０１４年11月には課長に昇進しました。

今は「さらなる高みを目指している」。この体験を通して、今という一瞬を一生懸命に生きることの大切さを学んだのです。

心の時代と言われて久しい。日本の若者の死因の第一位は自殺です。

福島さんはこれから、会社の中で働く人たちの心を救う使命がある……

私はそう彼に伝えました。

第十章 リーダー元気塾の画期的方法

1．輝け！リーダー

ここでいうリーダー、もしくはリーダー社員とは
必ずしも役職者や部下を持っている人を指しているのではありません。
現に私の主宰するリーダー元気塾には、さまざまな立場のリーダーが
参加しています。中にはパートタイマーの女性もいます。
彼女は職場では、文字通りリーダーとして一目置かれる存在です。
私は長年組織活性化の仕事をしていますが、その体験を通して
組織は「眠れる多数に目覚めた少数」なんだなあ、と痛感することが多いので
す。人の集団においては、目覚めた人……つまり意識の高い人はつねに
少人数なのです。たとえば100人の集団だと10～20人くらいが
「目覚めた少数」。大半は「眠れる多数」と考えるのです。

私はそこで、燃えてるやつをより燃やす……つまり目覚めている人を
より目覚めさせることこそが、早道と信じています。
リーダーが燃えると、結局そのまわりにいる人々も燃えてくる。

リーダーは火種なのです。
だからこそ私はリーダー元気塾を主宰しているのです。
組織の元気づくり（活性化）のためには、みんなで一緒に、
という発想をとらないことです。
キャンプファイアーの火は、まず燃えつきやすい木々から燃やします。
会社も同じ。全員参加という掛け声は勇ましいが、
その背景に、少数のリーダーたちが熱く燃えている事実を見逃してはなりません。

2．少数精鋭で対話する

私の主宰するリーダー元気塾では、一つのグループが
8～10人くらいの少数を前提としています。
これくらいの人数だと、顔もよく見えるし、発言もしやすい。
そして何よりお互いの「対話」が可能になるのです。
ところで私の仕事の一つに大人数を前にした講演会があります。

講演は短時間に大勢にメッセージを伝えるのには便利ですが、一方通行です。相手のうなづきや笑いといった反応は一応わかります。そして講演後の質疑応答もあります、それも時間的に限られています。ところが小グループだと講師と参加者、参加者同士の言葉と心のやりとり……すなわち対話ができる。これが良いのです！


たとえばこんな風景を思い描いてみてください。

講師「私はこう思うけれど、あなたはどう思う？」

参加者「こんなことに今まで悩んできましたが
これからはこういう風に考えて行動してみます」というように。

一方通行の話と違って、対話によって一人一人が納得のいくまで語り合うことができるのです。だから私は対話にこだわっているのです。

3．八つの窓を開く

リーダー元気塾は対話形式で進めますが、

そこでは対話に花を咲かせる工夫が必要になります。

私はそれをリーダーのための「八つの窓」と称しています。

それぞれの窓に８項目あるから、計64項目がテキストに載っています。

第一の窓から第八の窓を列記すると次のようです。

夢と目標、心と考え方、ＫＡＩＺＥＮ、コミュニケーション、モチベーション、時間の使い方、マナー、そして人を動かす言葉を磨け。

たとえば第一の窓「夢と目標」には、

「輝く人はめざすものを持っている」という項目があります。

そこで私は、めざすものを持っている人の実例を示したり、夢や目標を持つとどんなに人は元気になるか、をわかりやすく説明します。

講義というよりも「あなたはどう思う？」という対話のきっかけを提供する方に重きを置いているのです。


この計64項目は、私が約30年、３、０００人ほどのリーダーたちと接してきて「これだけは！」をまとめたもの。

しかしこれらは決して固定的なものではありません。

時代に合わせて修正したり削除したり、付加したりしています。リーダー元気塾においては、まずこれら一つ一つを問題提起し、そこから熱い対話をスタートさせるのです。

4．本気で自分を変える

あるとき私は、東北のDホームセンターで10名ほどのメンバーでリーダー元気塾を開いていました。

参加者の一人の島田さん（仮名）は40歳前後の、体も大きないかにもエネルギッシュな人。体重は１００キロぐらいでしょうか。

「一度も健康診断を受けたことがない！」と自慢げに語っていました。

その彼が、ある日こう発言したのです。

「実はこの間初めて病院で血圧の検査を受けました。数値が２００近くもあり、医者にもう少し放っておいたら大変なことになっていたかもしれない、と言われたのです」。

島田さんは、リーダー元気塾で互いに語り合っているうちに気づいたことがあるのです。自分自身を振り返って「私は医者に行くのを怖がっていた」ことに気がついたというのです。

以前までは、家族に一度診てもらったらと言われても、俺は大丈夫、とヒトゴトとして考えていました。

好きなように暴飲暴食をしていましたが、これからは健康のことも考えて、仕事も人生も楽しみたい、といいます。

人は対話を深めているうちに、自分でも思いもよらぬことに気がつくもの。

その深いところから出発するから、人は本気にならざるを得ないのです。

5. なんとかしよう！を即目標化する

目標は刺身と同じ。イキの良さが問われます。

鮮度が良いからこそ刺身はウマイのです。

目標も「なんとかしたい！」と思ったその瞬間に目標化し、走り始めることが大事になります。

この「なんとかしたい！」を、しばらく放っておいてしまうと、肝心要の気持ちが冷え込んでしまうものなのです。

リーダー元気塾では対話を重視する、と先述しました。

対話を深めているうちに、F君がたとえば（自分は時間の使い方が下手だなあ）と思い至ったとしましょう。

その気づきの芽生えをサッとつかまえるのです。

講師の私はそこで、気づきを具体的に目標化するよう促します。

目標例１「残業をやめる」

目標例２「一時間で会議を終わらせる」

目標例３「営業時間を30％増やす」、等々。


目標が決まればあとは行動あるのみ。

仮に次回のリーダー元気塾が一か月後とすれば、そのときにこの一か月間チャレンジしたプロセスと結果を本人が発表します。

このようにして本心からなんとかしよう！願ったことの目標化によって、自分自身を変えていくのです。

6. 女性の参加

時計のメーカー、S社で

リーダー元気塾を開いていた時のことです。

参加者の一人に奥山さん（仮名）がいました。広報担当の女性課長です。

6回シリーズのリーダー元気塾を終了し、その後提出してもらった感想文に、次のようにありました。

「課員や部内の各々の方たちがいかに仕事に対してモチベーションを上げ、維持していけるのかが一番の悩みでもあり、気になっているところでした」

（感想文より）

そこで塾から何を気づき学んだかというと、

「まず目標を持つこと、期限を決めて実行すること、どれが今一番必要なことなのか整理し判断すること。そのうえで皆が同じ方向に向かって動けること」

（同上）でした。

また、「管理職だからリーダーシップは必要だとは思いますが、常に上司や部下の意見も素直に取り入れて、そのときどきの最良の判断ができることを目指したいと思います」ともありました。

私は男性も女性も交えた研修の方がずっと良いと思います。その方が互いに学び合うことができるからです。

奥山さんも、モチベーションやリーダーシップについて、他の男性管理職の発言も刺激になったのではないでしょうか。

さらには日本の産業界でも輝く女性の活躍が大きな課題なのです。大企業には2020年に指導的地位に占める女性の割合を30％にまで高めること、また中小企業も女性の活躍を進めることが努力目標とされています。こうした時代の要請を受けて、これからのリーダー元気塾では、輝く女性リーダーの育成に、さらに門戸を開きたいと願っています。

7．カイゼンマインドの伝道師たれ！

世界の言葉ＫＡＩＺＥＮはどんな状況にあっても

「もっと良くするにはどうすればいいか⁉」を考え、行動することです。カイゼンマインドさえ失わなければ怖くない。なんとかなるものです。組織では、まずはリーダー社員からカイゼンマインドの炎を燃やすのが先決。ビジネスは生き物ですね。上り坂もあれば下り坂もあります。

それだけではない。思いがけない事態に直面するマサカという坂もあります。しかし、組織の中軸となるリーダーがカイゼンマインドを燃やし続けていれば、きっと大丈夫。リーダーたちの熱いカイゼンマインドが一般社員の心に影響を与えないはずはありません。リーダーたちは、熱きカイゼンマインドを会社に伝道するために存在すると言っても過言ではないのです。

鈴木亜紀さん（172ページ参照）は、仲間が落ち込んだり、グチや文句ばかりを吐くようになったらこう語りかけます。

「マイナスの気持ちで一日を終わってしまうとしたらこんなもったいないことってないよね」。

どうせ仕事に取り組むのだったら、前向きの姿勢でいこうではないか、というのです。どこの会社も、このような熱いリーダーたちによって支えられているのです。

8. トップの理解と協力

リーダー元気塾には、会社を支えているリーダー社員、あるいはこれから支えようとする人材が参加します。

だから社長はじめ会社のトップとのコミュニケーションは欠かすことはできません。

ときにはトップ自らにも一部参加してもらい、会社の理念や戦略も語ってもらいます。

トップとしてもリーダー格社員の意識のベクトルをそろえる必要性を強く感じているはずだからです。

参加者にとっては、じかにトップの声を聞けるチャンス。

さらにトップが一部参加するとなると、参加者の気もグンと引き締まる。

モチベーションも上がるというものです。


ところで、どんな人材がリーダー元気塾に参加すべきなのでしょうか？

主宰者である私が主張しているのは、先述したように

「燃えてるやつをより燃やせ」なのです。

トップによっては「B君がどうも意欲が低下している。なんとか彼を育てたいのだが……」と希望する例もあります。でもそれは違います。今は燃えていないA君よりも、今燃えているBさんが参加すべきなのです。人づくりは火を起こすのと同じです。

火を起こすにはまず燃えやすいものから燃やすのが鉄則。

リーダー元気塾でパワーアップしたメンバーたちが、それぞれの現場に戻って周りに火をつけていく……この原理を理解してもらいます。

おわりに

本書の締めくくりに当たり、たたき上げの消防人生を送り、今も若者たちに向けて大学で教鞭をとっている横山さんに登場してもらいましょう。

浅草の某所でお酒を酌み交わしながら、

左が横山さん、右が筆者。
後ろに見えるポスター「夢を肴に酒を飲め」は筆者が作成したものです。

組織のリーダーにとって大切なキーワードを伺いました。
横山正巳《よこやままさみ》さんは現在、
帝京大学医療技術学部教授、救急救命士。消防の現役時代は、都内の日本堤、目黒、八王子の各消防署長、第六消防方面本部長を歴任しました。高卒で入庁、その後、夜間大学を卒業しながら持ち前の情熱とスキーで鍛えた行動力で、消防庁の10段階の階級のうち9段階の消防司監にまで上りつめました。

人を癒せる人になれ！

横山さんは38歳の時、日本での救急救命士の資格第一号の取得者になりました。

そのとき自分を突き動かしたのは先輩や上司の影響が大きかった、といいます。それはどういう方々だったのですか？と聞くと
「自分に癒しをくれた人でした」。

階級や職位に関係なく、自分に近づいてきてくれた。

厳しく自分の行動を指摘はしてくれるが、権威をかさに着ない。いばらない。そして厳しいけれど温かい。

そしていつも「横山、どうしたんだ？」と聞いてくれる。「強いことをぴしゃりと言いながら心に火をつけてくれる人」だった、といいます。そう、癒してくれる人とは、相手の人間力を引き出してくれる人なのですね。

横山さんはそんな上司や先輩たちを尊敬し、その人たちをめざそうと思いました。

「よし、第一級の救急救命士になろう！」と決心したのです。

あこがれの人を持て！

消防署に入り、はじめにめざす階段が消防士長です。これから始まる長い消防人生の初めのステップとも言えます。消防士長になると部下もできる。さらに自分を磨いていかなければならない。これから何を頼りに努力を重ねていけばよいのでしょうか？

横山さんは身近に「あこがれの人を持て」とアドバイスします。たとえば救急隊長にも、いい隊長もいればダメな隊長もいます。すぐれた隊長は何と言っても決断力に優れています。それだけではない、ピリピリとした緊張感の中で患者や患者の家族の方にも「癒し」を与えることができます。

そういうすぐれた人をあこがれに前に進むのです。

横山さんの41年に及ぶ消防人生の中には、つねに前方に「あこがれの人」が存在していました。

本気になれ!

今は帝京大学で教鞭をとる横山さんが若い人に望むことは「本気になれ!」。中途半端はダメということ。

では本気になるにはどうすればいいのか。

「自分のめざしているものをはっきりさせること」。

いったい何になりたいのか、自分はどういう人間になりたいのか、そのイメージを明確にするということですね。

横山さんは若い頃、上司から「おまえ、ポリシーねえなあ」とハッパをかけられたことがありました。

すべて受け身ではないか、と指摘されたのです。

おまえの熱い気持ちは分かるよ、だけどそいつを言葉にしろ、心の内を外に向けて表現しろ、と忠告されたのです。

めざしているものをはっきりとした言葉にして、日々情熱を燃やし続けることが肝心なのです。

挨拶は基本だ！

横山さんが今、気にしていることがあります。それは大学の中でも、学生や、いやそれ以前に教える側からして、挨拶があまりないこと。おはようございます、ありがとうございました、お願いします、お疲れ様でした……。挨拶がすべての基本というのは私も大賛成です。力強い挨拶は、その日一日のあなたの「元気」を約束するものだからです。

本書を最後までお読みいただきありがとうございました。本来私たちの国は、他のためになすという行為や、徳を積み重ねることを良し、としてきた美しい国です。この頃の企業や組織ぐるみの不祥事を見るにつけ、ますます知識や技術ノウハウを駆使する側の人間力が問われる時代になっているのではないでしょうか。本書がわずかでも、人間力を見直す一助になれば筆者として最高の喜びです。

末尾になりましたが、取材に協力していただいた方々に心より感謝申し上げます。

近代消防社の三井栄志社長ならびにスタッフの方々に深く感謝申し上げます。

2016年新緑

松﨑　俊道

《著者紹介》

松﨑　俊道（まつざき・しゅんどう）

経営コンサルタント、ビジネス詩人。
ミッションは、「リーダー育成を通して、元気な社会づくりに貢献する」。
従来の詩の常識を破壊、仕事の歓び、使命、解決策をズバリ表現するビジネスポエム（仕事詩）のジャンルを開拓した。
人づくり歴30年、直接育成したリーダーは3、000人を超える。
世界語となったKAIZENに注目し、組織全員による一つ一つの小さな工夫カイゼン（改善）が、大きなイノベーションに至る、を信念とする。
人と組織の元気を創るプロ・コンサルタントとして東奔西走の日々を送っている。リーダー元気塾塾長、会員制カイゼン情報サービス「カイゼン・オンライン」主宰。「ムダ斬りできたら一流！」、「元気力」、「リーダーへ贈る詩《うた》」、「実話で迫る壁の越え方」ほか著書多数。
問い合わせ先：
matsuzaki@kaizen.co.jp
http://www.soshiki-design.jp/
働く人への応援歌として話題の週刊メルマガ「57秒の元気術」を無料配信中。ご希望の方は本書を読んだと明記の上、著者宛てメールでお願いします。

リーダーに贈る
人間力強化書

平成二八年五月二〇日　第一刷発行

著　者―**松﨑《まつざき》　俊道《しゅんどう》**　©二〇一六
発行者―三井　栄志
発行所―**近代消防社**
〒一〇五―〇〇〇一
東京都港区虎ノ門二ノ九ノ一六（日本消防会館内）
TEL　〇三―三五九三―一四〇一
FAX　〇三―三五九三―一四二〇
URL=http://www.ff-inc.co.jp
E-mail=kinshou@ff-inc.co.jp
振替=〇〇一八〇―五―一一八五

印刷―長野印刷商工
製本―神保製本

検印廃止　Printed in Japan
落丁本・乱丁本はお取り替えいたします。
ISBN978-4-421-00885-2 C2030　定価はカバーに表示してあります。